成为母亲之后

羽茜 著

北京联合出版公司
Beijing United Publishing Co.,Ltd.

图书在版编目（CIP）数据

成为母亲之后 / 羽茜著 . —北京：北京联合出版公司，2016.3

ISBN 978-7-5502-7195-1

Ⅰ . ①成… Ⅱ . ①羽… Ⅲ . ①家庭教育 Ⅳ . ① G78

中国版本图书馆 CIP 数据核字（2016）第 036748 号

版权登记号 01-2016-0464

成为母亲之后

出 品 人：唐学雷

作　　者：羽　茜

责任编辑：牛炜征

北京联合出版公司出版

（北京市西城区德外大街 83 号楼 9 层　　100088）

北京鹏润伟业印刷有限公司印刷　　新华书店经销

字数：133 千字　　787mm × 1092mm　1/32　　印张：7.5

2016 年 3 月第 1 版　　2016 年 3 月第 1 次印刷

ISBN 978-7-5502-7195-1

定价：32.80 元

前言

Introduction

这本书的出版，缘于我成为新手妈妈一年多后写下的一篇文章——《成为母亲之后》，我没想到，它会成为一本书。

当时，我只觉得有很多的心情无处抒发。在成为母亲之后，我觉得自己的人生因此更加完整，却也觉得很困惑，好像有一些事情和想象中不同。

在怀孕生子之前，我和多数的女性朋友一样，觉得只要夫妻感情良好，经济能力尚可，那么决定成为父母应该是一件好事，毕竟看其他为人父母的朋友的脸书（Facebook），上面不都是和乐融融的全家福吗？

没想到在真正成为母亲之后，我才发现事情竟是这么复杂，怀孕生产不只改变了我的身材，还改变了我对很多事情的看法。有很长一段时间我感到茫然，不是说认真的女人最美丽吗？为什么我越是认真地投入母亲的角色，越是感觉到某个部分的自己，那个渴望也习惯了自由、把实现自我看得无比重要的自己，就好像被抛弃、被迫消失在某处。为什么过去社会对我的期望，是鼓励我追求自我、做一个自由奔放的女子，现在却来了个一百八十度大转变，我是从现代穿越回到了古代了吗？

我爱孩子，却也感觉到自己是为他人而活的；我感觉到了矛盾，身为母亲为孩子付出，能说是“为他人而活”吗？这是否表示我很自私？可是为什么，我感觉就是不像过去，我为自己的工作、感情、学业努力时，总是能够相信我努力的成果都属于自己？

后来我发现，那是因为孩子和其他事情是不一样的。他不是一个可以拥有的“成果”，而是一个独立的生命，母亲和孩子是彼此相连却又独立的个体，也因此，母亲在燃烧自我之后，还是要回到自己的人生，独自面对自己的课题。

在这样的体会下，不管是亲情、爱情、人际关系，我对这些事情都有了新的看法。可以说成为母亲之后的我，获得了一双“属于母亲的眼睛”。

我发现成为母亲其实很孤独，甚至是很无助的，因为不管是我们的社会、文化、工作领域、公共空间，还是家族亲友之间，都很流行“为母则强”的说法，而忽视了成为母亲的女人面临着很多改变，在适应过程中，她可能需要帮助、需要倾听。

当时的我也苦于没有这个倾诉的对象。我找不到人诉说我那杂乱的心情，也怀疑是不是只有自己在成为母亲后有时会感到痛苦；我怀疑我的自我和自由，还有过去那相信爱情的美好岁月，都会因为被赋予“母亲”这个角色而黯然消失。

因为自己是个习惯以写作抒发心情的人，因此那时，我抓到时间就埋头书写，我需要出口，是情绪的、也是理性思考的出口，所以开始以“成为母亲之后”为主题有了一系列的写作。原本我以为，和我有同样失落感的母亲应该少之又少，我们应该是太执着于自我的一群“异类”，然而我错了，我得到了上万名网友的回应，她们都跟我说：“你说出了我成为母亲后的心情……”

我发现那是属于现代女性的孤独。因为我们在鼓励为自己而活的社会氛围下长大，相信“爱自己的女人最美丽”，但却在成为母亲之后被划分到一个截然不同的物种当中。母亲注定和奉献、付出、以家人为优先等规范连在一起。

那规范既是外在的天性，也是内在的天性，我深爱我的孩子因而无悔地为他付出，却也因为这份爱的沉重，有时会感到喘不过气。

我从网友的回应里看到了泪水，那泪水既属于她们，也属于我：幸福和失落交错，结伴与孤独同行，有时觉得无比幸福快乐，有时觉得寂寞无人可诉，这就是成为母亲的心情。

能够将这系列集结成书，我非常感谢曾给我指点的业界前辈，感谢网友支持，也很高兴有这样的机会，让还没有成为母亲的人、想了解母亲的人、犹豫是否成为母亲的人，或者是已经不打算成为母亲的人，都可以了解母亲。

羽茜

目录

Contents

Chapter 1 成为母亲之后

Chapter 2 那些孩子教我的事

Chapter 3 你的过去、未来和现在

Chapter 1

成为母亲之后

1

梦——每个标志你成为母亲的时刻

他在轮回了几生几世后寻到了你，而你接着了他。

每个标志成为母亲的时刻，都连接着一个梦境。

两年多以前的一个早上，你做了一个很美的梦，梦见星期天的早晨，你在卧室醒来，翻过身，发现旁边多了一个婴儿。

他美得不可思议，美到你不自觉地屏住呼吸，欣赏着他的眼睛、眉毛，还有凝视着你时的一抹笑意，然后你注意到他的鼻子又高又挺。

“这鼻子跟我一点也不像！”闪过这个念头时，你看见睡在另一侧的丈夫的脸，突然发现，“啊，这鼻子跟他的一模一样啊。”

然后你就醒了，在真实的星期天早晨，阳光从窗帘处透了进来，丈夫在你的旁边睡着。

一个宁静的、美丽的梦，像碧绿湖泊旁的一方草地。

过了一个月，你验出了两条线，又惊又喜，好像那个梦就是一个报喜的信差，你觉得自己尚未准备好，但一切都会很美好，哪对父母能充分准备好才做父母呢?

只是没想到在去了医院、被宣布子宫有些异常要特别小心后，就像应了这个警告一般，你开始流血，再怎么平躺也不能停止。

打了安胎针、吃下安胎药，你躺着一动也不敢动，想到那不是血而是你的孩子，才突然发现自己成了母亲。

你成为母亲的当日就是一个失职的母亲，想到在尚未去医院确定怀孕前，你还出门工作，就想着是不是那日走得太多影响了胎气。你突然发现验到两条线时成为母亲的感觉还不真实，现在感觉到自己正在流血，好像一条小生命正在离你远去，那种心痛才真正宣告你成了母亲。

你泪流不止，到医院确定超音波已经照不到胚胎时，你拒绝称呼那是一个胚胎。虽然他还没有心跳、还不成熟，但短短几周内他已是你的孩子，你已经全身心地爱着他，因此无法释怀他的离去。

你成为母亲才那么几天，就成了一个伤心的母亲。吃了帮助子宫收缩的药后，你在床上发抖，不明原因的剧痛痛到你冷汗直流，像是你的身体在哭。

过了一年，你怀孕了，这次在孕前梦见了一条金色的小蛇，就在你准备拎出门的纸袋里。你跟丈夫说小孩的小名就叫小金蛇吧！但是直到孩子平安出生为止，你们都不敢太过高兴，深怕体质的问题会让你一直是个“曾经的母亲”。

在月子中心，你也时常做梦，后来才知道很多妇女在接近生产或刚生产完都会做噩梦，或许是因为心理压力也或许是产后荷尔蒙的作用，每个噩梦都与孩子有关。

你的第一个噩梦是一场灾难，一个母亲的苦难钻进了你的梦里，在混乱中你寻不着你的孩子，一个四五岁的女孩。你苦苦哀求上天，要见到她好好的，而不是在名单上找到她的名字。

她的名字出现在了名单上。你震惊到连眼泪都流不出来，还未痛哭出声就已经落到梦境之二，这次，是你在医院刚生下了孩子。

孩子性别不明，像古印度的神那样有着两双手和两双脚，你发着抖用毛巾覆盖她的身体，看着她睡脸安详。

你的母亲赶到医院，看到她，你才真正哀号出声："妈，我的孩子生病了啊！"

你就像一只母兽，哭不是哭而是撕心裂肺地号叫，你甘受那心脏每一寸都要裂开般的痛楚，只要这样的痛能交换一个健康的孩子。

丈夫被你在梦里的痛哭惊醒，在他拍醒你时你已泪流满面，不能以身代孩子受苦、代替孩子消失让你几近疯狂，丈夫将你从梦境中拉回现实，你睁开眼，恍如隔世。

是什么荷尔蒙的捉弄，要让产后尚未复原的女人，在梦境里走一遭母亲的地狱，眼见孩子受苦、病痛？莫非冥冥中有谁要借此告诉你，将来要知足惜福，不要贪婪，不要求孩子追求功名利禄，只要孩子健康平安，就是最大的幸福和满足？

又或者，你不由得想，那是某个女性的远祖，她的痛苦轮回了一世又一世，成了每个女性血液里的共同记忆，让成为母亲的人都那样容易担忧受惧，从此明白众生可悯，每个遭遇横暴、承受苦难的人，背后都有一个伤心欲绝的母亲。

噩梦已醒，你仿佛背负了好几世的疲倦。在月子将坐完时，你竟然又做了一个梦。

在月子中心的床上，你的宝贝正在酣睡，突然一阵地动天摇，最怕地震、每次地震时都恨不得躲进床底的你，惊喊一声“我的儿子！”就往床上扑了过去。

你弯起手肘，用自己的身体撑起一方小小天地，感受着剧烈震荡下你的儿子依然酣睡未醒，直到地震结束后，你才长吁一口气。

“没事了，不怕，妈妈在这里。”

你悠悠醒来，在梦境里保护了儿子让你的心情较为释怀，走到婴儿床查看，你的宝贝安然无恙，只是一只手挣脱了手套露出小小手指，你伸手过去，他自然地抓握住你。

他在轮回了几生几世后寻到了你，而你接着了他，梦境和现实连成了一条时间轴，这轻轻一握仿佛在宣告天下，从此开始，你已成为母亲。

2

母亲的世界

你还记得自己曾经青春，只是你的勇气，已经和那时不同了。

成为母亲之后，你懂了很多事情，让你跟你的朋友不一样了。

她们有的还没结婚，有的结婚还没生小孩，聊天时你总忍不住闪过一个念头：啊，年轻真好。你觉得她们好青春好单纯，有时候也不免觉得她们好天真，你对那样的天真没有贬抑而是有些怀念，你知道在成为母亲之前，你和她们是一样的。

而今你已经老太多了，不管你是不是能借着化妆、相机的美肌模式，让你在合照时可以隐身于她们之中，你还是知道自己和她们不同，很多事情，只有经历过怀孕生子的女人才会懂。

“要好好珍惜现在啊！”你对她们说，她们笑笑，不以为意。

你也笑了。很多事情还没有经历过，却相信自己懂、相信自己一定可以，那种没有根据的勇气就是青春的象征。你还记得自己曾经青春，只是你的勇气，已经和那时不同了。

你的勇气来自你亲身经历过的事情，你真的度过了、不想懂也还是懂了、哭过也擦干眼泪了，那是你现在的勇气，不同于一个少女，也不同于过去的你。

每个人都有各自的挑战、不同的人生困难，有很多事情只有成为母亲的女人才懂。母亲属于一个不同的世界，这个世界，充满了母亲才懂的语言。

你也有了那样一双眼睛和耳朵，当另一个母亲说话时，你总是一听就听到更多，那些她未必说出口的事情，成为母亲的女人都是了然于心的。

——和公婆或娘家父母同住。

那一定有两代对于养育孩子不同调的问题了。

——努力好多年才怀上这孩子。

那一定有看见朋友分享怀孕喜悦，忍不住躲起来偷哭，怀疑自己当妈妈为什么这么难的时候了。

——是全职妈妈又没有帮手。

那生病时一定很惨了，如果老公没办法请假帮忙的话，一定会像老牛拖车般鞭策着自己的身体，觉得半小时像一下午那么长。

诸如此类，只属于母亲的故事太多了，那些说出口或未说出口的弦外之音，是所有母亲的共同秘密。

你突然想起一个朋友，在你还没怀孕、只是替她终于当上妈妈感到高兴的时候，她打过电话给你。

——孩子迫不及待地来了，提早了一个半月出生啊！

她对你笑着说。

“真的啊！恭喜恭喜！”你说。

在祝福和分享的喜悦中，你们结束了对话，直到你也成为母亲后，她来医院看你。

床边有个孩子，而你刚剖腹产完，披头散发，伤口还有些疼痛，你的朋友扶着你下床，不知怎的打开了话匣子。

——安胎的时候真的好辛苦啊，躺在床上一动也不能动，怕一离开胎心音就掉下去，娘家或婆家都没人来帮忙，大小便只能请护士拿来便盆，有时候护士太忙没空来把便盆收走，整个人就下半身腾空地卡在便盆上，只能看着天花板一直苦等……

你惊讶，怎么之前没听她说过这些，只知道孩子是“迫不及待”地提早出生的，却不知道她安胎时，为了让孩子在子宫里多留一天而这么辛苦。

——安胎的药有医保给付的，但那种药一打下去，气喘到几乎没有办法呼吸，觉得自己难过得快要死了，没办法只能改打自费的安胎药，一剂好几万，医生说只要可以了就会让孩子出生，否则再打下去，你们为孩子准备的钱都要花光了……

你听着朋友轻描淡写地说着惊心动魄的安胎过程，又说到生产时几次紧急输血，好几千毫升下去全身的血几乎都换过一遍，孩子平安出生后她人还在恢复室，从鬼门关走一趟回来，婆婆和丈夫看过孩子，竟然就自顾自地去吃饭了。

你不知道该说什么了，直到你自己也成为母亲的一年多后，你才知道朋友之前的隐瞒是那么的自然而然，有很多苦是只有母亲才懂的事情，就连你自己，也不见得想跟还没生育的朋友说。

母亲有很多共同的暗语，比方说，所谓的“吃全餐”，是痛到死去活来还是无法自然生产而紧急剖腹。妊娠糖尿，是严重起来每天都要扎好几次测血糖的针，到生产前都不能碰一口淀粉、水果，只能忍受肚子饿。让人闻之色变的子癫前症（你也被说过是高风险人群，只能吃药预防），是不管孩子多小，一旦发作就要紧急剖腹，否则母子都可能会变成植物人的恐怖噩梦。

除了这些肉体上的折磨与风险，成为母亲还有很多精神上的难关。

你有很多朋友都是社会系毕业的，就算不是，大家生活周遭也尽是一些强调性别平等的人，但就和你一样，他们在结婚生小孩前，可能很难真正地意识到社会系其实是一个很不同于一般社会的小圈圈。在这个系里所讲得像空气一样自然的性别平等、两性平权，放到更广大的社会中，其实还是只有少数人才懂，多数人只是讲讲（甚至连讲都不讲），未必肯去实践的原则。

朋友说，那我不要嫁那种人——那种假平等的男人。你叹口气告诉她，是可以不嫁那种人，但即使你找到一个真心讲求平等的男人，他的父母和亲戚也未必是那种人啊。为了家庭的和谐，很有可能反而要包容、原谅那些传统而守旧的势力，你没办法把所有性别不平等的言行一一打倒，只能要求自己视若不见、置若罔闻。

——那我不要嫁那种家庭。

是啊，谁想嫁那种家庭，但这个社会八成以上都还是那种家庭，百分之九十九的男人都还是在女人的手上被抚养长大的（不管那女人是母亲、祖母或者保姆），怎么还能天真地期待自己一定能找到那样一个不同的人，不只能够分担育儿的工作，还能够保护你在结婚、成为母亲之后，不受到这个社会对母亲的种种不公平的伤害?

母亲们只能靠自己，在进步和守旧的两股力量中努力不让小家庭分崩离析，努力在自己的家庭里建立起新的风气，努力沟通、引导丈夫成为一个更投入的父亲。这些事情有多么麻烦和困难，有时你好想找人倾诉，有时你觉得面对不懂的人，某些只会说“哎哟，好可怕！”的少女，即使说了也得不到鼓励。

你退回到母亲的世界里，在那里，有好多你们彼此才知道的秘密。比方说，在怀孕和生产后好长一段时间，你每天醒来到睡前闭上眼睛，脑袋里满满的都是关于孩子的待办事项，完全没有照顾自己的心力，连自己的兴趣、喜欢的音乐都通通忘记了，那到底是什么感觉。

在你无心于性生活但丈夫仍是原本的他时，面对那种“相对剥夺感”，你怎么办？当你的身材没有恢复，想健身又没有时间，还因为睡眠不足影响代谢而越减越肥，却看到一堆男性网友说“女人若是放任自己的身材和外貌走样，就不要怪另一半向外发展”（甚至有人是被自己的老公这样说），那又是什么心情？

有时你好希望产后忧郁是一种传染病，从你身上可以传到另一半身上，像一句玩笑话“感冒传给别人就会好了”，好想让他体会一下你的焦虑不安、你成为母亲之后找不回自己的那种痛苦，想让他知道有时旁人说的话就是会像针一样扎在心里，不是你想拔就拔得掉的。

你的朋友要是知道，在这个年代，大家对外都是把性别平等挂在嘴上，对内多半还是走着传统保守的家风，可能会很纠结要不要为了爱情而结婚、结婚后要不要生个小孩。

从朋友的故事里，你知道了，在承受安胎的痛苦时，不是每个婆家都会很心疼地说媳妇辛苦了，很多婆家会说“怎么这么没用”，责备媳妇把孩子养得这么小，好像她是故意的。也有些压力来自自己的家庭，有个朋友因为天生没有母乳，被自己的妈妈说：“真没用，所以小孩的抵抗力才这么差！”

母亲的世界无比严苛，在经过怀孕生产的重重考验之后，还有好多事情在考验她的心理素质。带孩子出门时孩子哭闹了，周遭人马上投来“有没有在教啊？”的质疑眼光，有的人直言：“教不好就不要带出门！”但是不带出门，要怎么教导他出门时的礼节？

孩子流汗了，你把他袜子脱掉，路人不敢苟同地跑来说：“你怎么没给他穿袜子？”你解释了她还是皱眉（但她到底是谁）。大大小小的各种事情，随时都会有人觉得“你这个妈妈怎么当的”，陌生人常常走过来就抛下一句批判，而评判标准莫衷一是。

母亲是一份工作，这份工作不仅不能转职，还有一个特点是别人总是会介入，好像这不是你一个人的孩子而是所有人的孩子，但当你真的需要帮助时，他们会说：“你是妈妈了，要自己想办法解决。”

因为太多人相信母爱是天性而母亲是天职，相信每个女性都是“为母则强”，好像把孩子跟母亲丢到无人岛上，母亲也会靠着原始的本能把孩子照顾得好好的。发现自己爱无能的母亲于是求助无门，坚强到后来还是撑不下去时，旁人看待你不只是失职的母亲，还觉得你是“无能的女人”。

——以前的女人生产完还能下田呢！

——我们以前还不是一个人带五六个小孩！

——已经很好了，以前的男人根本不可能帮一点点忙……

——我们以前哪有月子中心这种东西，你们现在都是太好命了……

过去的女性前辈太伟大了，也太沉默了，她们默默地吞下所有身为女人的宿命而没有抱怨，却没有想到她们的影子会一直留在这个社会，成为现代女性的阴影。

因为她们把不平等视为理所当然，所以现在仍有许多事情被认为是理所当然，那些男人不能做的事情也就罢了，男人能做的事情，只要以前是女人做的，现在就会被认为是女人的天职。

以前的女人，或许在求神拜佛的时候，也曾悄悄地祈祷过别生下女儿吧！不只是因为这个社会重男轻女，也因为不舍得自己的孩子拥有一样的命运。

讲到命运，在你结婚生子前，你从未想过女人的命运和男人的有什么不同。踏入母亲的世界，你才知道这个社会远比你想象中守旧，只是这样的传统不会被套用在单身女性身上，也可能勉强放过已婚而没有生育的女性，但对于已经生了小孩的女性，传统像一只大手那样笼罩了下来。

成为母亲的女性无处可逃，有些公婆明摆着认为“这是我家的孩子”，而不管你是孩子的母亲，但孩子有缺点一定是媳妇遗传的而不是儿子，孩子不听话一定是媳妇没有教好，而孩子很好则是理所当然。

还有那些迟迟无法怀孕的女人、已经确定自己无法怀孕是因为丈夫的女人，在公婆看来也都一样是无能的媳妇，怀孕生产的整个过程，无论顺不顺利，被这段过程改变、身心留下伤痕的都是女人。

成为母亲之后才懂的事情啊，是这个社会进步得相当片面。表面看来女性可以自由伸展，因为资本主义需要更多有能力的年轻劳工，所以女人被鼓励工作，专业又有自信的女人会获得嘉赏。但这个社会依然需要母亲，需要有人放下赚钱优先的坚持去照顾孩子，所以母亲会被期待要放下自己而以孩子为先，一个母亲就算持续工作，也会被说要先尽到“母亲的责任”。

女人单身得越久，可能越难想象成为母亲之后，社会的要求会一夕逆转吧。

有句笑话是说，女人聊起怀孕生产，就像男人聊当兵一样滔滔不绝，好像女人经历了这一切后，就像男人当兵一样，一夕长大了。

是啊，女人怀孕生产，就像上战场一样生死攸关，然而当兵总有退伍的时候，女人成为母亲，就是从此一直在战场上作战啊。

3

伤疤

那条难以消除的伤疤代表的是你告别的一切。

你的肚子上有一条肥肥的疤痕，像一条粉红色的虫。

在剖腹产完六个月后才发现自己是蟹足肿体质，贴了好久的美容胶布也没有用，也有可能是你贴胶布的手势太过随便。总之，当你发现疤痕开始变形时，你不知道要怪自己天生的体质，还是怪后天的怠慢才好。

你看着那疤痕发呆了好一阵子，告诉自己这没什么好难过的，为了孩子，你在肚子上开了一刀这可是光荣的勋章，可是当你的手指滑过那不平整的表面，感觉它像一条消化不良的虫那样肥瘦不均时，还是忍不住叹气。

你在乎的应该比这更重要才是。每天，孩子吃多少、睡多少、为什么作息总是不如书上说的标准，身高体重是不是开始落后了……你有那么多事情要在乎要担心，还得时时提醒自己不要对正在学习的丈夫感到失望，你忙着这些事情就像陀螺在团团转，却还是不由自主地在乎起了肚子上的那条疤痕。

那太微不足道了，跟拥有孩子的幸福比起来，你明明知道的。

但你总忍不住要看，想着这条疤痕是不是又增大了些，它会不会像一条虫在啃食它的领土般一直扩张下去……你对自己的信心，好像也这样一点一点地被咬出了洞。

怀孕生产把你的下半身彻底改造，骨盆变大、腰间长出了软软一圈的肥肉，那条疤痕就像一枚印章那样印证了这段改造的过程，说明你是一个生过孩子而且是剖腹产的女人。

是光荣的勋章吗？是一种精神上的美吗？有时候你觉得用美来形容是有一点儿自欺欺人，你应该知道而且接受，身为母亲，就是有些事情回不去了。

好像不应该告诉别人你依然有些在乎，说你曾经希望那个伤疤浅浅的几乎不易察觉，还有那一切似乎难以挽回的体态变化。你应该要态度洒脱地承认，现在的自己不符合现代人对女性美的标准——纤瘦、紧实、皮肤光滑。

你是妈妈了啊，你心想。

一条伤疤代表着孩子的出生，软软的肚子让孩子可以轻松平躺，那条难以消除的伤疤代表的是你告别的一切。哪怕外在可以用各种方式改变，也不能改变这副身体曾经经历一番苦斗的事实。

你的人生跟你的身体一样彻底被改变了，就算努力抓紧青春也不可能复得青春。不管这道伤疤是浅是深，在有了孩子以后，你的时间，像加足了马力那样头也不回地往前冲了。

你对外在美有着过去做不到的释怀，只是偶尔，会觉得自己其实并不是那么释怀的，偶尔会怀疑自己是不是在对自己撒谎，假装不在乎这个社会对美的标准，但当别人说：“看不出来你是妈妈耶！”你还是会偷偷地高兴。偶尔，对自己的外表失去信心的感觉，会像一条伤疤般突然隐隐作痛了起来。

有时，你用衣服把它盖住；有时，你诚实地面对自己。

4

母亲的身体

成为母亲的女人是在怀孕时就体会到生老病死这一孤独的过程的。

之一●害喜

女人怀孕生产，是一连串和身体密切相关的体验，我常觉得要让没有经历过的人想象怀孕的感受，最好的比喻就是生病。

没有长期疾病经验的人，很难体会有些人怀孕时的感受，闻到什么都想吐、吃不下、身体沉重、头晕，这些可不是连续剧里女主角皱眉捂嘴、我见犹怜的浪漫情节。在头三个月时我没有明显的呕吐但时常反胃，走在外面偶尔还会觉得天摇地动，不要说浪漫了，那种明明没做什么却觉得好累，时不时就感到恶心难过的感觉，只让人精神萎靡。

害喜期就像一场长达三个月的重感冒，晚上睡不好白天睡不沉，四到六个月进入怀孕最舒适的阶段时，我又不小心扭伤了脚开始跛行，可能是因为孕妇特别缺钙，只是轻轻拐一下就骨头裂伤。怀孕的人禁不起跌倒的风险，我被关在家里的时间居多，只觉得心情都要被闷坏了。

七个月之后肚子渐大，又开始出现新的症状，孕期湿疹让人瘙痒难耐，时不时的宫缩、后腰酸痛、孩子在肚子里玩耍，使得我好几个晚上挺着无法翻身的大肚子，连辗转难眠的辗转都不可得。

睁着眼睛到天明是常有的事，我开始衷心地佩服起孕期仍然到处行走、忙于工作的人，也头一次对自己的身体认输。想想过去，我总习惯了以大脑鞭策身体，现在才知道身体只是勉强顺从，实际上一个人想做些什么，还是得看他的身体配不配合。

也是在当时，我才体会到人的身体受制于自然，哪怕我有再多的愿望和欲求，怀孕时的身体自然会要求你放下、听从自然法则，好像有一个声音在告诉你：“你的身体现在全心全意地在保护这个孩子，它不会听从你的大脑，也不属于你。”

我想象那捉摸不定的胃口就是肚里的孩子在喊饿，而突然宫缩、肚子紧痛则是一种要你立刻休息不准勉强的警告，如果再加上出血呢？那大概就是肚里的孩子在呼救，他敲着那包裹着他的小小房舍想要出去，而在某些令人悲伤遗憾的故事里，是那孩子表示他在人间做客的时间已到，他要比父母预期的提早回去了。

在怀孕的时候，女人的身体就像一座房子，这房子不仅有中央空调还能全自动感应房主的需求，送上水、食物和空气，而我也是在那时才知道每个房子还可能有不同的形状。意外发现自己是双角子宫的我，就像给了孩子一个特别窄小低矮、逼得他后期始终用同一个姿势蜷缩在其中的小房舍，做母亲的我不只是愧疚于自己给他的空间不足，还时常为了他是否能在里面屈就到三十六周而战战兢兢。

女人的身体从怀孕开始就不再属于自己，这九个月能平顺度过还是像个受尽折磨的慢性病人，全看她先天的体质和后天的保养，或许还有更多的运气因素。有些人送走了孩子好几次哭到肝肠寸断，每次检查都说纯属偶然没有明显的生理问题。而我在有气无力地度过一日又一日时，也突然领悟到经过这件事后我将变得如此渺小和谦卑，有太多事情不是事在人为，比方说健康的身体和一个健康的孩子。

我领悟到我的身体属于大自然，而大自然里自有病老孱弱，一个人能不能顺利怀上孩子或者是身体够不够健康，有哪些生理特质可能束缚一个人的自由与心智……大自然随机分配，没有什么公平或不公平。

之二 ●传统

如果说在怀孕阶段，我第一次感受到女人的身体受制于自然，那么和这种领悟相对的另一种感觉，就是女人的身体还受限于社会的传统，这些传统有些非常地恼人，影响程度不一。

某些女人的遭遇是这样的，从怀孕开始，她的身体就不再被视为她自己的身体而从属于婆家。传统观念根深蒂固，因而有些高高在上的公婆和长辈，开始规定她该吃什么不该吃什么，规范她的身体行动。比方说减少外出，或者相反地逼她在怀孕后期“为了好生”而每天走好多的路，哪怕医生已经说了她的体质不适合在孕期运动也不能说服这些亲族长辈，几番角力后还加上这么一句："我是关心我的孙子（女）！"

在我们这个年代，已经很少有人是在以夫为尊的教育环境下长大的了，现在正成为母亲或孩子年纪尚幼的母亲，受的都是男女平等的教育，但从怀孕开始会受到真真切切的"文化冲击"，惊讶地发现原来在传统的熏陶下，有许多受传统教育的长辈会把媳妇的身体当成自己家的物品。

或者比较好的比喻是"孙子的暂居之地"。为了确保自家孙子能吃饱喝足，按照他（她）认为好的方式在媳妇肚里长大，媳妇的生活突然失去了自主，她按照这些长辈不同的观念改变着自己的生活，就像是参加了不同课程的训练营。

不住在一起的两代之间，可能还只是电话或见面时口头嘱咐，觉得不赞同的还可以阳奉阴违；而住在一起就可能是全面的控制，女人因此发现自己还另有一个名字叫作"媳妇"，自己肚子里住的是夫家的孙，夫家长辈唯恐你怠慢、疏忽了这个宝贝。

很多两代间的冲突其实就是从身体自主权开始的，害喜的人自有能吃和吃不下的独特胃口，那耐心煮了一桌饭菜的婆婆看到饭菜被挑剔，心里难免有怨气，而媳妇也是有苦难言。

说一点儿题外话，我在怀孕初期对很多东西都没了胃口，想吃的都是垃圾食物，也不知道为什么想念盐酥鸡的气味，碳酸饮料只有热量却有止吐的效果。原以为只有我的胃口这么叛逆，平日吃得养生，怀孕了反而想吃不健康的东西，想归想还是只能拼命忍耐。后来从网络讨论和朋友聊天才知道我绝非少数，很多孕妇每天都想吃薯条和喝珍珠奶茶，可能身体不舒服会打击人的心智，让她们很自然地开始想念所谓的Comfort Food，只是当代流行的Comfort Food多半不是养生料理。

总之在怀孕之后，女人的身体很容易被拿来争斤论两地评价，“就是太胖啦才不容易怀孕”“给什么都不吃，小孩子会长不大”“那个谁谁谁生好几个了都没看过她害喜”……更多的像是“生不出男孩”“都没有运动所以难生”等夹枪带棍的批评，传统重男轻女的观念不只是让怀孕的女人心伤，更因为那份“我是为你和孩子好”的理直气壮，还被逼得要自我检讨没有一副好生的身体。

同样一些话，自己的母亲讲出来，可能还可以当个坏女儿直接顶回去，反正母女没有隔夜仇，但换作别的、关系不够亲密的长辈说出来，听了就多少带刺。如果是走传统路线、坚持有话就会说的长辈，碰上了自由已久、走的是“过年不准催婚催生打听收入”的美式风格的女性，两代冲突开启，最后两败俱伤的结果可以预期。

可能因为遇到的多是开明宽容的长辈，而自己的妈妈碎念时我还可以回嘴抗议，所以我以为这个年代已经少有因怀孕生子而引发的婆媳大战。但在网络上妈妈们匿名分享的血泪故事中，我才知道，关起门来，有些家庭的传统仍然被贯彻得相当彻底。

有人泪诉婆婆不准她打无痛分娩，坚持“我们以前都是这样生的，打无痛不好”。也有人说生产时哀号到呼天抢地，只想要自己的妈妈和丈夫相陪，婆婆却迫不及待地要来“亲眼见证孙儿的来临”，回头还跟别人分享媳妇生的时候“叫得跟杀猪一样”。还有人是在生产完喂母乳时，夫家亲戚接二连三地来探访也不知道要先敲门，觉得自己也是女人所以没什么关系的婆婆，伸手过来就捏她的胸部说：“啊！是有还是没有奶啊？”

坐月子的故事更是说也说不尽。可能女人在这段期间产后荷尔蒙震荡得正剧烈，平常可以大方接受的事情现在可能会异常敏感，讲白话一点儿就是神经会变得纤细而容易断裂、泪腺会变得发达而容易溃堤，由长辈帮忙坐月子的话，不管是自己的母亲还是婆婆，因为双方的期待和认知不同，从坐月子变成做仇人的恐怖故事也不算少。

因为我喂母乳的关系，我会特别注意到两代关于母乳认知不同的问题。我发现在母乳的好处被普遍宣传后，多数妈妈都会先努力尝试喂母乳，真的不行才改喂配方奶，而喂奶问题成了两代间的另一个战场。

除了质疑妈妈没奶、拿着妈妈挤出来的奶质疑太稀不够营养、孩子常哭是因为奶少没让吃饱之外，还有的抱怨就是因为妈妈亲自喂，所以孩子黏妈妈不给奶奶抱等。总之尽管两代的出发点相同，都疼爱这个刚出世的孩子，对这个小生命都有种类似偶像般迷恋的心态，但是因为“一山不容二虎，一个厨房容不下两个女人”的角色冲突，初为人母和初为奶奶的两个女人，很难过上平静的生活。

传统社会中，婆婆妈妈的角色就像公司里的前辈，负责指导、带领初为人母的晚辈度过实习阶段，所以她帮晚辈坐月子、教导怎么照顾小孩，这些都算是正面效益。但是现代人多半都在小家庭中成长，和长辈相处的经验不足，加上注重隐私，注重人际之间的界限，新手妈妈遇到问题宁愿上网发问、请教医生，并怀疑长辈的旧观念不符合时代潮流。

总之，就算双方都是为孩子着想，从怀孕生产到坐月子、哺育新生儿的阶段，还要处理两代之间的关系，反而是小家庭的另一种负荷。又因为种种冲突都环绕着女人而起，夹在中间的男人不只是为难，有时还因为不懂女人心而火上浇油。

女人的身体一旦怀了孩子，不只是从属于自然，还很容易变成新旧观念冲突的战场。有母性本能的女人为了孩子什么都愿意，但是被长辈用以上对下的态度说“为了我的孙子你应该……”时就很难轻松接受。如果询问从怀孕到生产育儿时屡次遭遇两代冲突而身心俱疲的女人，她们多半会说：“这是你的孙子（女）没错，但我才是孩子的母亲！”

之三 ●母亲的性

关于女人的身体，还有另一个重大议题，那就是性。

仔细想想，我们很少把性感、性欲、性生活、性高潮等总之与性有关的字眼和母亲联想在一起，可能是因为母亲无论在东西方文化下都是一种圣洁无欲的象征，母亲唯一的欲望就是好好地养育她的婴儿，就像圣母玛利亚是处女怀孕，性的目的就是新生命本身，而不是为了追求个人性欲的满足。

这种把母亲和新生命联结在一起的做法，让与母亲有关的每一部分都被蒙上了一层纯洁无垢的白纱，好像母亲除了回应孩子的需求以外，其他的部分，像是她的性格、喜好、包括性在内的其他欲求，都变得稀薄甚至是不存在了。

最直接的想法就是母亲不会再有性欲，这也是多数女性在产后一年之内会遇到的状况。她的身体在产后尚未恢复，再加上产后荷尔蒙的影响，她对性从原本的活跃变得兴致缺缺。

这很符合自然界的法则。怀孕的雌性动物也会以保护孩子为优先，不只是停止发情，还会变丑，就像怀孕的女人也会皮肤粗糙、长出一条条纹路或黑色素沉淀的斑点，这些让女人没办法张扬美丽的身体变化，有一说就是为了让女人失去性吸引力，以免性活动会影响到肚子里的孩子。

但吊诡的是，不少女性会在怀孕后期感到性欲高涨，那时反而是伴侣会对她的大肚子感到无所适从。总之，中后期的性行为虽然还算安全，但克制性欲的夫妻不算少数。

母亲的性，除了在怀孕阶段有些自相矛盾的变化以外，比较大的问题还是出现在产后。除了身体尚未恢复活力，性欲也比较淡薄以外，喂母乳产生的泌乳激素更容易让人性致全失。只是若她一个人失去性欲也还好，问题是在这个把性视为夫妻生活之责任与义务的社会，有了伴侣就不愿意自己解决性欲的男人不在少数。

网络上经常有类似的抱怨，可能看多了会让未婚女性对婚姻感到却步。曾有一个母亲提起在喂母乳期间不想让丈夫碰触胸部，就有一男性网友回答：“不给碰？你就等着老公外遇吧！”

这类发言显然会让产后对性没有兴趣的女人感到恐惧，但有此想法的男人绝对不在少数，很多网络上的讨论都被导向了同一个方向：生了孩子就顾不得满足丈夫欲求的女人，只能等着面对丈夫外遇的结果。也有许多男人上网大吐苦水，说向老婆讨性不成就像追讨着要糖的孩子，他们自认为提供令人满意的性生活是妻子的责任与义务，若是没有得到满足，自己就可以理直气壮地毁弃婚姻的承诺。（有趣的是，通常越是会这样说的丈夫，越不会反求诸己把妻子的满足当成自己的责任。）

产后失去性欲的女人因此面对了更多的压力。在育儿生活的忙乱中，还必须满足一个以性为爱的男人。就算理性上可以理解性对男人的重要性，感性上也很难说服自己去亲近一个在育儿上帮不上忙，当出现婆媳纷争时还只会捣乱、要求妻子把育儿跟媳妇责任都一并做好、自己依然过着大爷生活的男人。

从另一个角度来看，在孩子出生后，男人觉得自己被剥夺的是性，但女人被剥夺的是性欲，两者很难说究竟是谁比较可怜（可能做这类比较也没什么意义），只是自认为可怜的男人多，有苦难言的女人也不少。

曾经有过性欲现在却没有，就像曾经有食欲现在却失去胃口一样，感觉上是少了一份生之乐趣，还把原本自己也乐意从事的性活动，变成了单纯付出的体力劳动。大自然显然对男女并不公平，它只为新生儿着想，为了让孩子得到更好的照顾、避免母亲在短期内又怀上胎儿，它剥夺了女人的性欲，好让她更专心地当一个母亲。

同样专心投入父职的男人，会比较懂得因为疲累、睡眠不足、新生儿作息紊乱而对性有心无力是什么感觉，一般也不会给伴侣扣上“不跟我做就是不爱我”的大帽子。但麻烦的是很多男人自视甚高，认为赚钱养家就是一个男人对家庭的全部义务，做到这点后就可以理所当然地要求妻子的“照顾”，哪怕他下班后也不帮忙带小孩、十指不沾阳春水不碰任何家事、有了孩子后就不把妻子当女人呵护所以也没有半点温言软语，却还是理直气壮地要求妻子配合他的性生活，任性的程度就像母亲的另一个孩子。

在女性主义高呼“只要性高潮，不要性骚扰”时，就把性定位成一种双方你情我愿、共同享受的活动，这种定义不只比较平等，也对双方的感情有帮助。但成了母亲的女人却落入了单方面给予的角色。如果丈夫体贴，也是个好父亲，在两个人爱情不减的情况下，可能妻子还会抱着彼此体谅的心情，勉强自己在提不起性欲时也勉力配合。而自私又以自我为中心的丈夫，则可能被妻子以无性生活作为惩罚，毕竟在孩子哭闹妻子又分身乏术时，仍然看电视、打电动、和朋友玩乐，不伸出援手而把育儿工作全部推给妻子的丈夫，要让他分担一点儿育儿生活的辛苦，似乎就只能以性作为手段了。只是这么做也要面对两人感情冷淡的风险，不只是丈夫觉得无性就是不被爱，妻子也会觉得和丈夫渐行渐远，很多夫妻在有了孩子后感觉两人的爱情“回不去了”，有时就是这种角色适应不良的结果。

而另一种情况是丈夫的自私已经更进一步地伤害到了妻子。有的男人振振有词地强调“性是一种义务”，所以若是没有从妻子这边得到满足，就会自认委屈，甚至理直气壮地去找小三或援交。害怕丈夫真的会因为欲求不满而外遇的妻子遭逢勒索，于是她交出性，害怕自己若不配合，会失去爱情、婚姻、忠诚或更多东西。这种单方面的满足就算一时看不出后果，长久下来也会损伤两人的感情，而且也并不是没有风险。毕竟现在的女人受的不是“嫁鸡随鸡嫁狗随狗”的教育，就算因恐惧而委曲求全，若是长久不受尊重，无论她有没有这样的想法，还是会酝酿机会作出反击。

这类的讨论可能会让未婚或尚未生育的女性心生恐惧，毕竟对每个女人来说，都希望性是一件美好而不是被迫的事情，但一般人习惯把母亲和性视为完全不同的两个概念，因此少有人关心、体会成为母亲的女人在性方面遇到的困境。在产后育儿手忙脚乱、身心疲累的时候，还要担心丈夫因欲求不满而外遇出轨，她的心情是多么寂寞、恐惧，却又无法轻易向人诉苦。性的问题在婚姻中是多么地重要，却是那么地难以启齿，纯粹生理医学的角度又无法碰触到文化与情感的层面。只能说在产后失去性欲的女人，还有依赖性作为爱的表达、嘴上说会体谅妻子、心里却无法释怀妻子冷淡的男人，不管这段性生活不调和的时间是长是短，要不让这件事情危及双方的关系，除了彼此尊重、努力地了解对方和自己的差异以外，还是需要沟通的智慧啊。

之四 ●孕中的女人

关于身体的事情，从来不是只关于身体。

从女人怀孕开始，感受到那许多独一无二、仿佛从只发生在她自己身上、只有她自己能够感觉的种种变化开始，她就开始了一趟孤独的旅程。这段旅程里没有丈夫、父母、朋友，她像一个病人独自对抗病魔般默默地忍受着种种的风险和不适，和身边人的疏远可能会让她觉得孤独而渺小，没有人懂她的心情和状态，没有人能够分享。但这种孤独也同时让她强大起来，因此她认识到只有自己可以保护肚子里的胎儿，这个胎儿的要求、渴望、呼救，只有身为母亲的她得以感受，作出回应并且努力挽救。

以往倚靠的对象如今都不能倚靠，因为他们什么都不知道，他们知道的都是她的转述：孩子踢了、孩子不动、孩子在肚子里打嗝。

人们常以为身体的事情就从身体上解决，却忽略了身体的变化总会扩大、延伸到影响一个人的心理状态和人际关系。成为母亲的女人会有一段无所适从的感受，不只是身体变化可能让她精神萎靡、疲倦，也因为那种种变化让她不安，她会第一次体会到人在病中是如此孤独，也会因而领悟人在生命的道路上是孤独的。

那在母亲肚里的孩子，孤独地感受着自己的成长和变化，最紧密的联结唯有和他血肉相连的母亲，但母亲独自体会着身体的改变，她仍是在孤独地感受着生命。

在一个人的人生中，出生是孤独的，没有人出生时带着同伴，但也因此，母亲和孩子的联结是最接近绝对的。一个生命，最初就和母亲联结在一起，彼此生死相系，一个遭遇危险的母亲同时代表着一个遭遇危险的孩子，而这种肉体上的联系在孩子出生后，仍然在精神上延续着，也因此，失去孩子的母亲或失去母亲的孩子，他们灵魂相系的另一端是空的，那种孤独的恐怖，是最痛苦也是最可怕的。

而人出生时孤独，出生后总得在社会里，因此或许在同侪中，可以共同地感受到老病，哪怕这种共同感也是一种错觉。但最终，人还是要孤独地感受到死。

并不是每个人都能从这种孤独中成熟的，有的人一辈子絮絮叨叨的是怀孕生产时别人怎么对她，孩子长大后又是怎么对她，丈夫、父母、亲人、朋友又是怎么对她，追根究底是因为她在人生的路上感到孤独，却又没有成熟到能够领悟、意识到那种孤独不是她一人专属的。

她抱怨旁人让她落入这般境地，但她不是唯一一个孤独的人，每个人都是孤独的。成为母亲的女人是在怀孕时就体会到了生老病死此一孤独的过程，她的意识将决定她如何对待这个孩子，因此从某方面来说，她能不能从中变得成熟是最重要的。

身体的经验让一个人从日常生活中脱离，哪怕是工作再忙碌的孕妇，也会感觉到随时有另一个人在自己肚子里，那是一种超现实的体验，而旁人不能理解。如果她的丈夫、亲人对她的痛苦冷漠以待，她就会感觉到自己的孤独被强化了。

怀孕中的女人若是没有受到体谅和呵护，几乎不可避免地会感到怨怼。在她眼里，其他的女人被爱和关怀包围，而自己非但没有因为这个孩子而更为人所爱，反而除了身体的痛苦以外，更增加了心里的孤独。

冷漠地对待一个病人可能带来诅咒，而冷漠地对待一个孕妇，还会造成另一个无辜的人受伤，那就是她的孩子。母亲在怀孕期间受到的对待总是会被导向两个方向：感受到自己被爱的，会感到自己有力量去爱；感到自己被抛弃的，会把这种被抛弃感带给她的孩子。

当然也有母亲从旁人的孤立中坚强起来，更深刻地感觉到自己和孩子是唯一的同伴。但过度强烈的同伴感也有风险，一旦一个母亲觉得周遭都是她的敌人，觉得丈夫、夫家的长辈、亲戚、朋友，每个人都是冷漠的而只有孩子是她自己的，就可能会在孩子出生成长后仍然过度地紧抓着她的孩子。

成为母亲是一种极为特殊的体验，就算是一个柔弱的小女人也可能因此改头换面，体会到丈夫的肩膀不是随时可依恃的。同样，在为人父母的过程中，丈夫有时像是另一个世界的人，他很多时候是照常过着他自己的生活的，而当她出血、疼痛、宫缩、感受到孩子在异常地踢或翻滚时，她的丈夫和她一样惊恐，他不能给她力量，反而需要她自己坚强起来。

这种经验可能因此导向一种新的平等，让女人体会到自己并不依赖男人，而她的同伴是其他有过类似经验的女人。怀孕生产过的女人总会因此感受到自己属于另一个群体，那种和其他女人有了共同语言、身处于一个女人专属世界的感觉，和爱情能带来的归属感是不同的。

孕中的女人比一般人以为的还要敏感，身体的种种状况，不只会使她对自己有全新的感受，也让她对周遭进行更进一步的检视，对自己是不是一个被爱的母亲、肚子里的孩子是不是一个被众人所爱的孩子，不由自主地拿出了最高标准。许多人抱怨女人怀孕后变得吹毛求疵、斤斤计较，或许就是这个缘故吧。

之五 ●母性本能

身体的变化会带来人际关系上的变化，不只是母亲和其伴侣之间，产后的荷尔蒙还会带来一种母性本能，让母亲和其他抢着育儿的人（对母亲来说是如此）产生冲突。

很少人明确地提及这是母性本能的作用，但那确实是存在的。不是谁照顾得比较好就能让母亲释怀地将孩子交给旁人照顾，就像自然界里再温驯的动物成为母亲后都会咬人，母亲的攻击性，那种对别人是不是要来抢夺、占有她的孩子的警觉和怀疑是天生的。也因此，在传统文化的影响下，喜欢强调“这是‘我的’孙子”“这是‘我们家的’孩子”，伸手过来就要母亲把孩子交给她的人，甚至是主张关于这个孩子，自己有比母亲更高控制权的人，很自然地会引起母亲的排斥和愤怒。

很多人把两代之间的冲突，误会成单纯的观念冲突、文化冲突，却忽略了在当中运作的不只是观念和文化，还有母亲的天性，可以说这是一种动物界的自然现象。产后荷尔蒙让母亲容易忧郁、紧张、愤怒、情绪激动，有许多人有过类似的经验，在产后有时感觉到自己快乐得像身处天堂，却又一瞬间轻易地因为一句话、一件事情而感到消沉得如身处地狱。

产后荷尔蒙会让女人的情绪高低起伏，而情绪和想法总是相互影响着的。在母亲感到不安时出现，伸手就要母亲交出孩子的长辈，就算只是想要亲近这个孩子也会引起母亲的焦虑，害怕在自己尚未建立起母亲和孩子间的紧密关系时，会有另一个人抢走她的孩子，也抢走她身为母亲的角色。

人是自然界的生物就不能排除于自然法则，要理解一个女人尤其是成了母亲的女人，就不能不理解她身体上的变化，很多母亲分享的月子期间的经验是这样的：理性上我知道他们只是想要抱抱孩子，但心里就是很不舒服。自然界的生物并没有这种理性和感性上的冲突，所以在大自然里不管你是谁，想要靠近一个母亲的孩子，甚至有把孩子抱走的举动，就会遭遇母亲不由分说的攻击。

用这种方式，比较能理解女人在产后为什么容易产生抗拒和敌意，还有对被要求进入另一个家庭，或者把孩子的养育权交给别人的排斥。虽然不是全部的女人都会有这种现象，因为产后荷尔蒙对每个人的影响程度不一，但有这种感受的女人多半在半年到一年后，荷尔蒙恢复正常、和孩子之间也建立起稳定的关系时，前述人际关系上的紧张冲突就会消失。她不会再轻易地觉得别人在抢她的孩子，遇到长辈想要拥抱、照顾孩子时也不再那么紧张或抱有敌意。

忽略身体而全部从一个女人的个性、心理来评价她的作为，所得到的结论和解决方法永远是片面的。很多时候伴侣不知道怎么处理成为母亲的女人和其他人之间的冲突，只是一再地要求女人懂事或责备她“怎么这么不懂事”，这无助于解决问题。其实只要给她一点儿时间让身体恢复正常，荷尔蒙恢复平衡，并且帮助她在手忙脚乱的育儿生活中建立身为母亲的自信，她和其他人的冲突就自然会被解决了。

女人的身体从怀孕时就从属于自然，她和孩子之间的紧密联结也是自然的，理解自然法则对一个女人造成的影响，体会她在这段过程中感受到的孤独并且给予支持和帮助，能让她对孩子的天性母爱发挥到最好，反之，不体谅、冷漠、误解，甚至是责备的表现，只会让这份孤独危害到她扮演的一个母亲的角色。

5

资深女孩团体

在换下高跟鞋，暂时放下自己的欲望和理想时，我们都改了名字叫作“母亲”。

今天天气很好，我带着孩子到公园散步，表面上看来我们大手牵小手相当惬意，实际上，我像被一只小猴子牵着到处乱晃，跟着他爬上爬下、路线不定地到处探索。

公园里人很多，几乎都是带着孩子的妈妈，看着这些跟我年纪差距不会超过十岁的女人，我不由得想，在成为母亲之前，她们都是些什么样的人呢?

是公司主管、学校老师、研究生，还是业务员？我对别人的职业知道太少，对于这些职业的想象也流于表面，但是这些年龄落在二十八岁到四十岁之间，角色形象各异的女人，现在看起来都跟我一样，就是妈妈了。

我们都穿着方便行动的平底鞋或拖鞋，最常出现的是格子衬衫搭配牛仔裤，发型几乎都是马尾或随便在耳下绑成一束，化妆要不很淡要不就是完全没有。

显然我们不是时尚专家会欣赏的类型，因为时尚，就是鼓吹人们要展现出自己的个性，并且以大把钞票来实现此目标。但是光看我们的打扮就知道，身为妈妈，个性已经不是最重要的事情了。在有了孩子之后，我们就半主动半被动地放弃了对个性的宣称，让孩子成了伸展台上的主角，自己则退居幕后。

身为孩子最重要的“幕后工作人员”，我们看起来都那么地像，像到我可以在另一个妈妈脸上看到自己，看得出她今天心情很好，或者陪孩子太久、其实已经相当疲累，只是机械地叮咛孩子要小心安全。

在公园的游乐场上，我好像看见了无数个“我”的复制，却又不由得想，或许我才是另一个妈妈的复制，我们似乎都不属于自己，而属于这世界上一半人口也就是女性的某种复制。母亲像是一类特殊的物种，这个物种以孩子的幸福快乐来维系生存，彼此间个体差异很小，或者说，在外表上很不明显。

放弃的只是外表吗？这个公园里的每一个妈妈，在加入母亲这个“格子衬衫与牛仔裤”的资深女孩团体之前，都打扮成什么样子，怀抱着多少不同的梦想？

可能性是无限大的，因为这个时代强调男女平等，鼓励女孩跟男孩一样勇于追求，几乎每个人都相信，人生最重要的是实现自己的天赋梦想，而成为母亲听起来太过守旧，通常不在女孩们的梦想清单上，也不会被师长和父母鼓励。

但我们还是成了母亲，在梦想和母职可以并行不悖的天真幻想下，勇敢地成了母亲，看了几个成功人士的经验之谈，以为育儿就像多一份工作，只要Work Smart，把任务分配好，一切都不会有问题。现在我已经知道，这样的想法有多么天真。

有些女人的故事是这样的，她的兴趣其实并不在家庭，对工作也有远大的抱负，然而在结婚后，被想要孙子的长辈和想要孩子的丈夫说服：“你只要负责生就好，其他的我们负责。”她真的以为家人会全力协助，没想到在成为母亲之后，每个人都宣称自己只是孩子的谁谁谁（包括孩子的父亲），“但你是孩子的妈妈啊！”其他人退回到偶尔帮忙的角色，照顾孩子的主要责任还是落到了她的肩上。母亲是一个无法逃脱的终身职业，运气好的，有母爱帮助她们面对转换生涯跑道时的失落；运气不好、生完孩子还是没有母爱大爆发的，就被困在了家庭与事业无法兼顾的困境里。

想着自己只差一步就可以拿到海外留学的奖学金、想到原本一个月有三周都在外出差、想到自己原本最想当的是环游世界的背包客、到偏远乡下服务的志愿者或无国界医生，原本以为会有的支持落了空，才领悟到这个社会的口号和现实有很大的距离，表面上鼓励女人跟男人一样实现自我，但对于成为母亲的女人则维持着男主外女主内的规范。相反地，男人因为自己的工作需要而在孩子的成长过程中的缺席，始终是被允许、被宽容的。

这个社会是矛盾的，一方面不鼓励女孩们梦想成为母亲，贬低只想要相夫教子的女孩是胸无大志；另一方面却散播着一个信息“每个女孩都应该成为母亲”，因而不管有再好的工作、再高的职位，媒体永远追着女人问：“要什么时候结婚，婚后要什么时候生小孩？”学校和父母都鼓励女孩们不要因为性别就画地自限，但是当女性的梦想和母职发生碰撞时，母亲却好像不再是女人而是另外一种族群，人们并不鼓励母亲逐梦，因为如果她们一心逐梦，那小孩怎么办?

这个答案其实很简单，看看男人就知道了，只要家人彼此支援，事业和家庭可以兼得。

但对女性的支援总是得来不易，以前的人为了让家中女性能持续务农或从事家务，家族里总有人轮流照顾孩子，或者由年纪更大的孩子负责照顾弟妹。但今天，如果一个女性这么做，会被说是逃避身为母亲的责任，被描述为事业心大于母爱的女人（带着明显的贬义）。包括很多丈夫在内，他们虽然希望妻子有工作能分担家计，但妻子若是因此要求他们帮忙带小孩，“下班后的家务一人一半”，他们还是会抗拒，“我上班已经很累了”，因为在他们心里，家务和育儿还是妻子分内的事情。

深入探究家庭形态的改变，会发现当核心家庭取代了人手众多的大家庭时，带小孩就变成了小夫妻自己的事情，但现代的丈夫多半还是在女性的手上长大的，不管这女性是祖母、外婆、母亲或保姆，因此他们并不觉得育儿也是男人的事。于是比起以前，照顾孩子其实更像是母亲一个人的事情了。

纷至沓来的新挑战好像可以解释在公园里的我们，为什么都失去了造型上的差异，原本的打扮可能适合被称为一个OL（Office Lady，职业女性）、老师、医师、业务，或者单纯就是适合被称为一个美女，但是当美女怀抱着一个随时讨奶、要吃要喝要换尿布的婴儿，还艰难地想在职场上争得一席之地时，如果没有别人帮忙，她对外表的讲究就少了。

在这个鼓励自由追梦的时代，逐梦不难，难的是放下，还有在放下后，接受被别人看成同一个物种。人们不再问你有什么梦想并打算如何实现，只问你小孩身高多少、体重几公斤、计划将来念哪个学校。

穿着格子衬衫与牛仔裤的资深女孩团体啊，她们默默地等待孩子长大，想象着人生迈入空巢期时，可能可以重新开始自己的梦想，想到那时一切终将不同，却也不免有些失落。人生有舍有得，只是心里的憧憬比想象中的难舍，在换下高跟鞋，暂时放下自己的欲望和理想时，我们都改了名字，叫作“母亲”。

6

成为母亲之后

现实，也是在生了孩子之后，你才懂得什么叫作“现实”。

成为母亲之后，你才知道，很多事情，你的母亲并没有告诉你。

只是在你幼小的记忆里，你曾经隐约察觉，母亲跟你在一起并不快乐，她热爱自由、向往在职场上发挥自己的实力，但是和你在一起的时候，这些都不被允许。你缠着她、在她脚边团团转，把她困在做也做不完的三餐和家务当中，在她抱怨“因为生了小孩，所以我才不能如何如何”的时候，你也想大声抗议：“我又没有拜托你生下我！”你也想要一个全心全意爱着自己、陪伴自己时非常快乐的妈妈，可为什么她一边抱怨又一边照顾你直到长大？这一切矛盾，等到你自己成为母亲，你才终于懂了。

懂了，但也不是全部，或许只是得窥一二，在你也被自己的孩子绑着哪里都去不得的时候，你才突然明白，连你这样一个没有太大野心、只抱着一个在家写作的梦想的宅女，偶尔都会觉得无法独处、无法出门是一个不小的心理负荷，那对于能力不输给男人的母亲来说，结婚生子后工作和个人发展都受限，心里不知道是多么挣扎痛苦。

在你自己成为母亲之后，你才明白，“母亲”一词就像如来佛套在孙悟空头上的紧箍咒 一样，这么一套下去，哪怕你是再好动、顽强的一只泼猴，都从此逃不出如来佛的掌心。你的母亲身份就是那个咒语，你对孩子怀着的那种先天的爱，后天的种种性别、角色的束缚，就是最无边的法力。在有了孩子以后，你回想自己曾经有过的自由，这才明白，你“曾经”很自由。

于是你开始劝你那些还未生小孩的朋友，不管她们单身、已婚或离婚都一样，你想告诉她们这世界上最伟大的感情不是爱情，最让人心烦、也最让人幸福到心酸的不是男人，最能束缚你的不是工作，威力最强大的、能够把你的生活搞得天翻地覆的，是你对孩子的那份亲情。

很多事情，光看脸书上为人父母的朋友的分享，是不会懂的。

你从她们和丈夫孩子的幸福合照上，看到的是她们生活的光彩，看不见她们生活的低谷，更不可能想象在有孩子之后，生活的高低起伏会上下得如此频繁。每一天，身为母亲的人就像在大海上掌舵，她的婚姻是否依然幸福，她的孩子是否能在快乐的气氛中长大，全看她个性够不够成熟，性情够不够稳重，能不能抓紧家庭这一只小舟，不让它在现实的大海里迷失。是的，现实，也是在生了孩子之后，你才懂得什么叫作“现实”。

现实是，你有再好的能力、再大的抱负，也未必有那相对的运气，在请完产假后保住你原本在职场上的位置。就算你有那运气好了，你重返职场后不见得能够加班，你的孩子不见得能找到二十四小时让人放心托付的保姆（哪怕是自己的父母或公婆），就算你放心、也说服自己放手交给别人照顾，只要接近下班时间，你的心就不在办公室了。

你归心似箭，不想开会、不想在接近下班时接到客户电话、更怕老板一个眼神决定交给你什么重责大任。你不再是那个想冲就冲、可以没日没夜为工作燃烧的女子，只要想到你的孩子正在哇哇哭，或者只黏着保姆或奶奶而哭着说不要你，你想要拥有自己一番事业的心就动摇了。但在成为母亲前的这二三十年，你曾经那么努力地培养自己、灌溉自己，幻想自己在职场上可以长成一棵可以庇荫别人的大树。在照顾孩子和冲刺事业之间的两难，好像把你原本的愿望连根挖起了，你很爱你的孩子，但放弃愿望时，空空的手心还是感到了痛。

过几年再说吧。或许再过几年，等孩子大一点儿你重获自由，相信只要努力，属于你的机会还是会再来的。

你这样安慰自己，然后，明白了你的母亲，当年为什么总不快乐。

或许还未生小孩的朋友会问，那爸爸呢？孩子的爸呢？于是你想起了自己的父亲，又想到了现在的丈夫。

你的父亲生在传统的年代，他不会煮饭、不会洗衣、不会帮孩子换尿布，但他“已经很好了”，他会“帮忙”，也会在假日带孩子出游，也很重视孩子的教育。

过了这二三十年，你选择了一个深爱的男人结婚，和他生小孩，然后你发现，时代乍看之下进步得很快，男女平权、平等、同工同酬、只要性高潮不要性骚扰……所有口号都喊得很快，但实际上，文化的转变是缓慢的。

在传统文化的保护伞下，受到上一辈婆婆妈妈教导的现代男人，大多数的观点仍是——关于育儿，男人只要“帮忙”就好。

所谓帮忙，就是可以选择帮或不帮，因为育儿仍然是妈妈的“天职”，母亲是孩子的“主要照顾者”，一个好爸爸就是“在一旁帮忙”。

你心里觉得很不公平，突然明白了为什么小时候，父亲和母亲总是吵了又吵，你不想跟父母一样吵同样的事情，但时代进步得那么微小，现在看着和父亲相比已经显得进步很多的自己的丈夫，你发现你偶尔还是会想说出一模一样的话来：“为什么你可以先选择自己要做什么，为什么我不能选择？”

你在开口前就选择了沉默，因为你发现你不是想对这个男人提问，他不是你质疑和愤怒的对象，你质疑的是这个文化、这个社会，为什么把紧箍咒套在你的头上而不是别人头上，为什么身为一个父亲，他会帮孩子换尿布、喂饭陪睡，就叫作“很棒的爸爸”，而你好事做尽、筋疲力竭，就只是“尽到母亲的本分”？

你很爱你的孩子，因为这份爱，你才发现妈妈是一份工作却也不是一份工作，如果在工作上遇到这样的“同工不同酬”，男人只要做一点点就有很高的报酬，而你没有，恐怕早已经跳起来大叫“性别不平等”准备离职了。

你每天早上被孩子的哭闹叫起床，脸都来不及洗，先帮他洗屁屁、喂奶喂早餐，像陀螺一样团团转直到傍晚才想起来自己未曾洗脸，你蓬头垢面，却还记得带孩子出门时要帮他穿得漂亮帅气。

这是工作，早上上工，深夜，孩子难得连睡的几个小时，你在睡梦中勉强算是下班。

但这也不是工作，因为你抱着他，捏捏他的小手亲亲他的额头，看他喝奶那样满足（尽管你喂得相当痛苦），你就忘了什么叫作“报酬”，什么叫作“公平”。你想跟男人分一半工作，好男人会愿意，但是你在分给他那一半时心总是悬着的。你才明白，在职场上无论你曾经多热爱工作，都不能跟母亲这个角色相比。

这个角色让你满满地投入爱与恨，你爱孩子，偶尔也不得不感觉到，你恨这个角色给你的束缚。

你不能自由地当一个自己想象中的那种妈妈，你只是平凡人，你的勇气不够，所以只要有人质疑“你这样能带好他吗？”

你就害怕，好像准备被评鉴一样先来个最严格的自我检视。成为母亲之后各种好意或不怀好意的质疑何其多，再说一次，这并不是工作，因为工作上被评鉴过后，你至少可以暂时松一口气。

当母亲就没有松口气的时候了。昨天他还好好的，当今天他突然发烧、突然不吃饭、突然会打架会咬人时，你就开始质疑自己是否错了，这些是孩子的自然发展，还是你就像其他人说的——没把他带好?

因为你很爱很爱他，所以你很在乎他。你希望孩子健康快乐，但是，也因为你知道这一切不全然操之在你，他有他的个性、体质、命运，那些你无从掌握的因素，也让你害怕了。

孩子，妈妈希望你幸福快乐。每天，你对着你信仰的神低声祈祷，忘记了曾经，你追求的是自己的幸福快乐。

谈到幸福。

有多少人知道在生了孩子的前三年，夫妻关系降到冰点的比例?

和脸书上的幸福合照相反，比例非常高。

那并不表示幸福的合照是一种假象或谎言，只是人们更想要表现的那一面。这当然不可能是阴暗的冰点，在有了孩子之后，原本幸福的夫妻依然幸福，但并非总是快乐的。

快乐和不快乐交错出现，高低起伏就像心电图一样频繁，可庆幸的是它还没被拉成像临终病人那样的一条水平线，只要还不是完全静止，再混乱的起伏，都有可能被提升到一定的幸福高度上。

只是，那需要两个人的努力，但在孩子出生之后，至少有一方陷入了暂时性的焦头烂额，她被突然的大浪打得老远，落后的那一方还浑浑噩噩。

那些被称为新手妈妈的人，就是这样突然又孤独地成了母亲，然后才发现“母亲”一词表示你突然从水手直接晋升好几级到船长。你没有任何中间的实务经验，而你的老公、孩子的父亲，已经在甲板上仰头等待着你的指示。

你的指示，是的，因为他不知道自己该做什么，他看着你抱孩子、喂奶、换尿布、可能还替自己剖腹产的伤口换美容胶带、替自己自然产的裂伤作冲洗，然而他不知道自己该做什么。跑完民政局把孩子登记到他的户籍上，发送完喜饼，接受完大家的恭喜，然后他回家，打开电视或电动，坐在沙发上“静待指令”。

有时你气到落泪，你喂奶痛、伤口痛、孩子又哭个不停，他还可以那样“因为我不知道这是不是我管辖范围”平静地等候，有经验的过来人或专家都说“男人需要一点儿时间接受自己成为爸爸的事实”“有的男人要到小孩一岁可以互动后才会感受到小孩的可爱”，你却只想大叫：“那我呢？我给他一点儿时间，谁来给我一点儿时间？”

你空降到了一个语言不通的分公司就要马上执掌大权，里面有一堆老鸟在质疑你（可能是你的婆婆或妈妈），“你这样做对吗？”“孩子吃这个‘刚后（好吗）’？”“我们以前都不是这样子带的耶！”

然后那个爱你并且承诺一生一世照顾你的男人，眼看着你遭受内外夹击却在打电动，他无辜又可怜地说他不知道自己要做什么。

好一点儿的男人说：“你需要什么你再跟我说啊！”

宝一点儿的男人说：“带回去给我妈带好了。”

你等着你的男人长大，等他发现自己成了一个父亲并且主动担起应负的责任，但你并不像等宝宝长大那样有耐心，你等得一肚子火。

你等得好冷好冷又一肚子火烧火燎，半夜起来喂奶、挤奶，打翻一杯奶弄湿全身时，宝宝在身上睡了，你不敢动，只是看着那杯被打翻的母乳想哭。

你深爱的男人也在呼呼大睡，父与子，睡脸那样相似那样甜蜜，他们是不知人间疾苦的一群，不知道你身为母亲，等“两个孩子”长大的心情有多么寂寞啊。

甚至还有更糟的，你安慰自己，网络上还有更多叹息等着你去听，让你知道天真的男人总好过真正的自私。在生产完老婆还这里痛那里痛完全没得睡时，有些男人已经开始吵着要“开机”，要“履行同居义务”，否则就要去找小三。这样的男人在你未婚或未生的朋友听来必定如天方夜谭，但你结婚了、有小孩了，就不再天真地相信坏男人只出现在电视剧里。

法律上应该要附加这么一条：“关于育儿，其中一方有不得装死之义务。”

有多少女人在害怕丈夫“停机”三百六十五天后会去找小三，所以勉强自己又累又痛地配合？你不想去想，因为会心疼会舍不得。

同是女人，要到生了孩子之后，你才能明白什么是身为女人的恐惧，什么叫作“为了维系婚姻而兢兢业业”。在还没有孩子时，即使结婚也可以“你不爱我我就走”，在有了孩子之后，即使知道“单亲总比烂丈夫强”，还是会有更多的恐惧、更多的顾虑。你和你那些分享幸福合照的脸书朋友都属于幸运儿，还有一些不那么幸运的，生了孩子才发现爱错也嫁错了人。

你爱你的男人，所以你等，等他成熟，等他发现你很累终于知道怎么扮演父亲和丈夫的角色。而你的男人也爱你，所以他学，他忍耐你被产后荷尔蒙绑架所以高低起伏的情绪，他放下大男人的骄傲，承认关于孩子，有太多事情他不懂。

有些哭笑不得的是，你爱他，所以你等他“进入状况”；他也爱你，但他等的是你“恢复原样”。

你想告诉他的是，亲爱的，我们回不去了。

你们期待的方向有些不同，他怀念那个温柔可人的小女人，你只能无奈地告诉他，可是你已经（也必须）是一个坚强的女人，才能扮演好一个妈妈。

如果你在这时还坚持表现出过往的柔弱，你会比他更有远见地意识到，那只会磨光你们之间的爱情。

夫妻之间，不能光靠亲情来支撑，有可能老了之后会只剩下亲情，但不是现在，不应该是你们还年轻的现在。

有时候你也怀念过去的。

就和你的丈夫一样，他怀念有些傻气、有些天真的你，或者相反地，怀念你的精明干练。

但你的傻气天真在妈妈这个角色中不适用，你的精明干练，如果不限于妈妈而扩张到妻子角色时，又可能让他觉得有压力而且恐怖，你在努力摆脱产后荷尔蒙造成的焦虑、忧郁、情绪忽高忽低时，还要冷静地判断情势，告诉自己如果对后知后觉的丈夫大吼大叫，他可能更会想逃避身为父亲的责任。

以鼓励取代责备，过来人告诉你。

然后你又偷偷地心想："真好，我也希望有人对我用鼓励取代责备。"在努力爬出产后忧郁的那段日子里，跟个小人儿斗争，脸书上好友一句"你是个很棒的妈妈"就足以让你落泪，你好想当一个很棒的妈妈，像你想象过的那样，但是专家只说了沟通再沟通，没有指导手册告诉你，该如何才能得到一个很棒的爸爸。

一段时间后，你幸运地看到了丈夫的转变，他变成了一个越来越好的爸爸，你才知道如果孩子是上天给的礼物，好爸爸，就等于是礼物拆开后竟然还有一个礼物。你很幸运了，辛苦，但在女人中已经相当幸运。

成为母亲之后你才明白，每个女人，都会在生产完后捡拾自己的碎片，你曾经以为最苦的是分娩之痛，后来你才明白，有些时候，精神的苦比肉体更苦。

最苦的，是孩子生病却求救无门。

最苦的，是丈夫不顾还自私自利。

而即便拥有一个健康的孩子和一个尽责的丈夫，你在幸福的甜中，仍然品尝到了一丝丝的苦味，那是自我消失的苦。

当孩子一睁开眼，他就要你全部的关注，你好爱他，好希望有天他开口说他爱你。

但他不说你也明白，他看着你笑，当你不理会他时就扁嘴哭，你为他或喜或愁，只有在深夜丈夫孩子都入睡，你累到睡不着时，才有一丝寂寞袭来。

“嘿，你过得好吗？”你问自己。

在忙碌了一天，为孩子大小事忙进忙出，为家人做饭洗碗，甚至还分出时间让丈夫看看电视之后，你为自己一天的努力相当满足，你知道如果没有你这样稳、这样努力、这样以全家的幸福为幸福，就不会有这样安稳的一天。

人生到了不再向往轰轰烈烈的阶段，其实年轻时想象的轰轰烈烈也不过是情侣分手吵架在雨中大哭。到了这个阶段，你明白戏剧性的大起大落最好只出现在戏剧中，它们出现在现实人生里，只会是一种折磨。

你带着你的丈夫孩子，像一艘船航行在大海中，今天又平静地收获了，你觉得相当满足。

但是，“嘿，你过得好吗？”你知道自己欠一句问候，孩子太小不懂得问，丈夫下班时忙着接手育儿，也忘记了问你。

你明白了最深刻的一件事，是你成为母亲之后，每个人看到你都只看到一个母亲，然后才是你（如果，还能看到你的话）。

你感冒了，你心情低落，你今天累到什么都不想做，你好想找人倾诉。

——这样不行，要养好身体，才能带好小孩啊。

——你心情不好，小孩也会有压力啊。

——你什么都不想做，那小孩怎么办?

突然间你发现，周遭的亲朋好友所有对你的关心和问候，都接着一句对你是否能当好母亲的担忧，对你孩子是否能一直健康快乐的担忧。你突然明白你的身体不是你一个人的，你的时间也不是，你的心情也不是。

你整个生活乃至于你整个人生，都被孩子的幸福绑架了，你那么期待孩子出生，孩子出生后那么爱他，所以你是自愿地成了肉票，千金不换你孩子的幸福。

如果有需要，你愿意付出自己的一切，只要孩子健康快乐，你每天的付出都是心甘情愿的，只有在众人皆睡的时候，你的过往、你是谁、如果有自由时间你想做什么，这一切才会像昔日的幽灵般悄悄袭来。

你不为你放下的一切感到可惜，因为你知道，虽然你每天努力让自己不像黄脸婆却徒劳无功，又花了点儿钱外包家务换取一点儿自由，你的生活不让那些未婚或未生的女性朋友向往，提到生小孩后和丈夫、婆家的关系转变，更有可能令她们直接说出："天哪！我不要生了。"

她们不想接受会老会胖乳房会下垂，不想因为育儿跟婆妈争斗，不想失去在丈夫眼里的魅力，不想失去现有的自由和生活。

那是选择，每个人都会作出属于自己的选择，只要是了解自己后作出的选择就是正确的，没有非怎么样不可。

你也了解自己，所以你选择，你知道自己放弃许多后换来的是什么——你的宝贝，在你怀里独一无二的小生命。他是你苦吞所有砂砾后换来的珍珠宝石，你知道自己有了小孩后老得多快，但你觉得自己老得有价值。

在这个提倡追求自我、崇尚自由追梦的社会，你不去想自己如果没生育可能拥有的事物，你自愿投入人生的修行。

是的，是修行，在这个呼吁珍爱自我、圆满自我的社会里，只有修行才会教人要把自我放下、缩小。成为母亲后你发现这修行何等严苛，这不是打禅七规定你七天关掉手机网络而且不准说话，你是要忍受好长一段时间（如果不是永远）的，自我在他人眼里的消失。

在尚年幼的孩子眼中，妈妈就是他们自己，他们没有他人与自我的观念，所以他哭，妈妈就要火速赶来。

太早想要教导他“妈妈不是你一个人的”，可能只会让他对世界没有安全感，所以在教育孩子的第一年，你的自我仿佛在分娩时随着身体四分五裂，在你的孩子眼中身为一个“别人”的你并不存在，你没有名字，你就是“妈妈”，就是一切，就是全世界而已。

而在其他人眼中，你也是个妈妈，他们很容易就忘记你有个性，你有喜好，你有怪癖，你有弱点。在他们眼中妈妈就只分为“好妈妈”跟“不那么好的妈妈”（朋友比较不会说你是坏妈妈），你会发现邀约出门并且鼓励你“说走就走”的朋友变少了，因为，他们不想把妈妈“带坏”。

一个好妈妈是很典型的，为孩子付出要多于自己。尽管我们会说“妈妈要对自己好啊”，但那是因为“妈妈如果心理有问题，孩子可能也会有心理问题”，再一次地，你会发现自己和孩子被牢牢地绑在了一起，别人看你，不是一个而是一双，是看到一对母子或母女，不是“只有你”。

你开始在生活中找寻自己的碎片，当你慢慢摆脱产后荷尔蒙，不再有那么强烈的护巢本能，觉得一秒也不能离开孩子时，你开始想起你自己了。

像一场大梦，过去二三十年的自己，竟然只是几个月过去，就遥远得像是做过一次彻底的告别了。

你告别任性、告别自我、告别“有一天我要如何如何”的向往并且将之改写成“如果我的孩子接受，我可能会如何如何……”你半主动半被动地放下自我，品味着亲如枕边人也无法体会的孤独。

因为他是男人，他是丈夫、父亲，在这个文化氛围下，一个好的父亲是做好自己之后再来照顾孩子，一个好的母亲是照顾好孩子后再考虑做自己。

你不赞成这种差异，但你感受到了这种差异不是你一个人抵抗就能逆转的，而且在孩子前几个月总是不睡，你翻遍了育儿书籍、亲子博客的文章，使尽浑身解数仍然无法“训练自行入睡”后，你已经学到了逆来顺受，面对不可改变的逆境，顺其自然吧。

你抱着孩子让他睡到天亮，你累，但他睡了，你就满足了。

你用这样顺势而为的老庄哲学来面对一切，从大事到小事，包括自我的消失，然后你才发现，过去那些用来表彰自我的东西，你都不需要。你可以没有成就、没有物质享受、没有好身材和漂亮外表（尽管你很想念），你的脸书生活可以不需要令人羡慕，你可以全心全意地投入当一个母亲，把自己深深刻印在这个角色里。在偶尔回想起不是母亲时的日子里，没有人问候让你觉得寂寞深刻，却也让你突然发觉，要守护自我，只能靠你自己。

你要把握零碎的时间做自己想做的事，你要在被半受忽略的情况下照顾好自己的身体，你要在你的丈夫把你化约成一个很棒的母亲与贤内助的时候，提醒他——可是我有我想做的事。

你放下自我后才强烈地感觉到自我的存在，惊讶地发现原来你是一个内在母爱丰沛的母亲，原来你的自我一直有这个部分，只是从未有机会伸展。而这个部分，有时和你过去认识的自己会彼此冲突。

但那也会帮助你克服恐惧。在你的心里，你一直恐惧着自己不会是个好母亲，你害怕历史重演，但就在回顾怀孕生产的这段时间里，你发现自己已经有了足够的勇气去克服它。

你就是你自己，和别人不一样，谁说天下的妈妈都是一样的?

你在成为母亲后重新拾回了自己的碎片，像做一条百纳被一样一针一线地重新拼起，在过程中你受过伤，也痛过哭过，现在那些伤痕仍在，提醒你痛，也提醒你对自己保持敬意。

生儿育女，拥有一个幸福的家庭绝对不是一件单靠幸运就能实现的事，你现在拥有这些是因为你很努力，你长大了，照顾好了自己的小孩还撑起了一个家，你不再是那个仰望父母的小孩，你真的是大人了。

你值得被爱，不是因为坊间流行的书上写的“十种特质让男人更爱你”，不是因为你会撒娇你很可爱，而是因为你为自己作出了选择而你努力不懈，你值得被爱是因为你的努力值得尊敬。

成为母亲之后，每个人看你都只看见一个母亲，而不是你。

但你看见了你自己，那么清晰。

7

老

我的青春活力，像气球被放气了一样“咻”地被抽空了。

以前也曾觉得自己变老，在工作一阵子后，失去了学生时期的热血和理想、开始怀疑自己是否要这么日复一日下去时，也开始觉得自己老了。

现在想起来，当时的自己其实还算青春，在成为母亲之后，才是真真切切的老。

不只是心态上觉得不复年轻，生儿育女对女人来说，是非常实际的体力衰退，杨绛在《我们仨》*里写到自己怀孕生产时就有这么一段话：“在低等动物，新生命的长成就是母体的消灭，我没有消灭，只是打了个七折，什么都减退了。”

那种减退感就是衰老的开始，我在怀孕时感觉自己彻头彻尾是个病人，生产后觉得自己是个老人，因为喂母乳对体力的消耗、带来的乳腺炎等病痛，我感觉体力打了三折还不止。

总之，我在成为母亲后很容易就觉得自己老了，哪怕这样的说法会引起比我年长者的不悦，但我是将“老”这个字视为动词的。我说我老，指的是在成为母亲之前和之后，我的青春活力，像气球被放气了一样“咻”地被抽空了。

剩下来的部分又全部被投入在了母职上，孩子就像一块海绵，身为母亲好像每挤出一点儿时间，那时间就会自然地被孩子所吸收。在孩子终于睡着、自己也好不容易忙完家务时，我总是

---

* 杨绛（一九一一年生），创作与译作丰富，与民国第一才子钱锺书是中国当代文坛的知名文学夫妻，育有一女。杨绛于九十二岁高龄时，写下了回忆六十三年家庭生活的《我们仨》（二〇〇三年，时报文化出版），写风烛残年忆亲的人生滋味，平实动人，透露出了难以言喻的夫妻情深以及时代给这个家庭的创伤，笔调哀而不伤，教人动容。

已经没剩多少力气去从事之前喜欢的娱乐。当一个人没有玩的力气，用现在的话说就是high不起来时，很自然地就会感觉自己是老人了。

当然，对某些非常有毅力，在育儿生活中仍然努力健身，维持体态和体力的妈妈来说，这种老或许可以被挽回和避免，只是我自知没有这样的本事，只能承认老得快的事实。

而除了体力之外，我在精神上特别觉得自己老了，因为年轻总是被和自由联想在一起的。但成为母亲的女人无论选择全职或兼职，都会因为这个社会对女人的过多要求而忙到分身乏术。她上班时属于公司、下班时属于家庭，假日时属于婆家或娘家（因为要带孙儿回去）。自由是年轻人的特权，没有自由可言的人，当然不会觉得自己年轻。

说了这么多好像全是坏处，但如果这么想，就是掉入了这个社会“年轻”等于“好”的观念陷阱。在成为母亲后我时常说自己变老，而除了前述的“坏处”以外，我也感受到了老的正面意义。

在时间安排上，老，让我开始去芜存菁，因为最珍贵的时间和体力要留给最重要的目标，我不再像过去那样，忙，却忙得有如无头苍蝇。可以说我年轻时有大把时间可以挥霍，却没有运用时间的智慧，不懂得优先级；现在老了体力下滑，生活忙碌让可运用的时间变少，运用时间的质量却是高的。

虽然没有年轻时的自由自在，但成为母亲后感受到的老，也让我觉得自己是成长了，有些事情变得比较看得开，哪怕仍然会刺痛、失落、慌张，但都是针对新的、过去没有经历过的事情。而那些已经发生了很久的事情，年轻时代曾经和好姐妹们说了再说，总是觉得拔不去的心头尖刺，或许是因为发展出了一种“老人的眼光”，自己觉得未来的重要性大过从前，那些曾经以为永远无法释怀的事情，也在不知不觉中就放下、释怀了。

青春是无比可贵的，但换个角度想，年轻的时期延续得越长，年轻的烦恼就越是没完没了，也因为这些不懂放下的事情太多，人会有精神上的不自由感。在成为母亲后，真的感受到自己不复青春时，我学习着不让太多事情破坏、干扰现在仅存的那一点青春活力，照顾孩子让人把注意力放在眼前事务上。我每天忙着思考他为什么今天不吃饭，我们下一餐吃什么，明天去哪里，我不得不务实地驱走了年轻时常感受到的虚幻，就不像过去那样轻易陷入茫然了。

成为母亲的女人，在陪伴孩子长大的同时，必须学习面对时间的课题，并且珍惜时间，做好心理准备看待父母的年老。这个社会对老赋予了太多的负面意义，仿佛人生最重要的目标就是要当永远的少男少女。这件事情曾让我在坐二望三时感到压力，但在有了孩子，为孩子的成长而喜悦时，我感到青春不是毫无意义的逝去，老，也就不那么令人恐惧了。

8

母亲的关键字

每个人都期待我身为母亲，就应该为了孩子咬牙忍受。

连我自己也是这样期待着的，但我好痛。

如果有一个联想游戏，要我在三十秒内说出三个关键字，形容自己成为母亲后的心情，我想那应该就是幸福、孤独，还有幸福吧。

或许有的人会觉得奇怪，在孩子和丈夫的陪伴下，成为母亲之后为什么会感到孤独，但是对我来说幸福和孤独并行不悖。幸福的反义词是不幸，我从来没有感觉到不幸，但在初为人母的这一年，我却时常感觉到自己是孤独的。

我也很疑惑，是不是只有自己有这样的感觉？我往往在看到别人成为母亲的心情是欣喜激动或牢骚满腹时，却觉得这都不是我心情的全部。我不是宛如置身天堂般的狂喜，也不是逢人就有吐不完的苦水，身为母亲，我只觉得自己一直是在琢磨着，这么复杂的心情，当有人问起，能怎么说？

身为一个喜欢写作的人，没有办法把感受化为文字言语，就有种不吐不快的郁闷感，真的化作文字后，我仿佛哭过一回又释怀地笑了般，觉得“啊，我终于懂了，我懂了自己究竟是怎么样的心情”。

身为一个母亲，我无比地幸福，但也初次体会到人之为人，就要独自面对各自课题的孤独寂寞。在上一封写给自己的信“成为母亲之后”里，我终于说了出来，而这次我想更仔细地说，不为什么，不过是想说而已。

回想刚生下孩子的这一年，和大多数的母亲一样，我时常为了我的孩子感到幸福雀跃，他刚出生时的哇哇啼哭，都让我在产台上流泪感叹：这是我听过的全世界最美的声音，我要牢牢地记在心里，一辈子都不忘记。

但是在这样满心幸福的同时，我却感觉到身为母亲是孤独的。我和我的丈夫并肩，我们走在同一条路上，也还有亲人做应急时的支援，但尽管如此，我却看到了只有我独自看见的风景。

成为一个母亲的酸甜苦辣、踽踽独行的高山低谷，让我像一个人独自面对着大海的波涛起伏一样突然恍悟，在成为母亲之前我也时常自认为“已是成人”，我误以为有自食其力的经济能力就叫作“成人”，但是真正的成人意味着“成为一个孤独的个体”，你必须意识到这是自己的选择、自己的责任、自己的苦痛（不管是肉体或心灵的），没有任何人可以转嫁委任。成为母亲并且独自面对许多状况，这才是我真正的“成人式”，过去的我，不过是个自以为尝过人生三味的孩子。

有这样子的体会，老实说，跟我喂母乳时遇到的种种状况有很大的关系，朋友总开玩笑（也许是认真的）跟我说看完我喂母乳的经历，以后绝对不要喂母乳。我不希望自己拉低了母乳哺育率，但把自己喂母乳的感受和经历说出来，只是希望有更多人了解，然后对喂母乳的妈妈体贴一些，因为一旦她决定要喂母乳，有太多事情她是只能一个人扛的。

离开抽象的形容，我们从实际的生活开始吧。

台湾真正有执照的泌乳顾问凤毛麟角，多数都是以个人经验为基础来治疗或帮助哺乳妇女。我是到后来求助过多人后，才知道并不是所有医师或护理师的说法都可信，但这并不是他们的错，而是对于喂母乳的专业知识和训练还不普及。而我第一次遇到的惨痛经历，就是月子中心的护理师。

最开始护理师做了几次所谓的乳腺疏通时，我就品尝到了什么叫痛，原本觉得很痛的生孩子、剖腹、宫缩跟伤口痛都不算什么，疏通乳腺是我第一次尝受到的肉体酷刑，而在我痛的时候，丈夫也只能在一旁皱着眉头，表情几乎不忍直视。护理师让我误以为母乳就是要这样挤，就是会痛到让你必须咬着毛巾、手指捏着床沿几乎要把床板掀起来，脸上肌肉不受控制地抖动，眼泪直流。

然后在月子期间最应该休息的每个晚上（可能是一点、三点、五点半），以及白天全天，不管再累，我每两小时就会被胀奶痛醒。虽然是九月天，但冷气房里还是微凉，我像清晨独自起来耕田的农夫一样，开灯、洗手消毒、拿出消毒好的奶瓶、接上挤乳器、撩起上衣开始用机器挤乳。结束后，再次洗手消毒、冷藏母乳、清洗挤乳器，往往从开始到结束后要花一个小时。

冰冷的挤乳器贴上身体时总是让人一颤，我会开个电视让室内气氛不那么寂寥，但生产完肚子上还有个伤口，人实在是疲累至极。挤乳器规律挤压的声音，总让我想起那首《木兰诗》：“唧唧复唧唧，木兰当户织。不闻机杼声，唯闻女叹息……”想到平常喝的鲜奶应该也是这样挤出来的，我觉得好笑，又觉得自己可怜。

那时丈夫总在一旁酣睡打呼，我跟他不在一条路上的那种感觉开始变得强烈，我知道他已经做了他能做的事情，就是来月子中心陪我。但关于母乳，他能做的事情也不过如此。

那时我一心期盼着出月子后改成全亲喂，听说供需平衡就慢慢不会再胀乳，没想到出了月子后，自己独自照顾婴儿的手忙脚乱加上喂母乳，才是真正挑战的开始。

没有护理师或女性长辈帮忙，我每隔两小时半就犹豫着要不要喂母乳，因为孩子似乎总是饿着。那时我用一张表记录，上面密密麻麻的说明了我还是没有连睡超过两个半小时，喂完一边，孩子在身上睡着，另外一边滴奶胀痛，我必须消毒双手、挤一些到奶瓶里才能舒缓。我往往在身上卡着一个奶瓶和一个婴儿时打翻母乳，然后眼泪就跟着滑落下来。

丈夫在做什么呢？还是在睡觉打呼。

我不能怨他，我要怨什么？我谁都不怨，只偷偷怨自己有奶而且还很多。如果没有，我相信我的丈夫会半夜爬起来帮忙泡奶粉，我知道他是疼我爱我，也是不怕辛苦的。

但是怨自己有用吗？还有人羡慕我有奶呢！我能说什么呢？一念天堂，一念地狱，我告诉自己往好处想，就是我不苦恼没奶，然而有奶的苦，我努力不想直到它接二连三地找上门来。

喂母乳很痛，乳头在还没有习惯前，一定会持续好一阵子的肿痛也就算了，那时我时不时还感受到人家说的泌乳痛。或者是感染造成的，总之喂奶前后总有一阵，会清楚地感受到乳房有数十根针咻咻咻地穿过，那清清楚楚的万箭穿心的感觉，痛到我缩在床上，哭着跟丈夫说有针在刺我。

去看了医生说是乳腺炎，除吃了三周抗生素以外，医生还偶尔会帮我挤奶，据说喂大三个儿子都全用手挤奶的她，帮我挤奶的手势只能说是粗暴，她双手握拳，用拳头用力推挤我原本就已经胀到发痛还像有针在刺的乳房，可想而知我根本顾不得在诊间袒胸露乳的羞赧，只想要哀号。

这都还只是开始，胀奶、塞奶、乳腺炎根本就是每个月一次，有时我还没有塞奶就先发烧，医生看不出所以然就想应该是尿道炎。我在发烧时一个人顾着孩子喂他喝奶、做副食品、喂饭，是高需求宝宝的他还总是白天要抱晚上要抱，我发烧时抱他感觉自己飘飘然的，苦笑说你饶了妈妈吧，看他偎在我怀里幸福甜笑，我边笑边想哭。

还发生过乳头水肿，水肿时乳汁出不来，宝宝会吸得更大力，乳头痛得像被刀用力划开，我必须找一块最柔软的纱布巾垫着才勉强能撑过，但再怎么撑，每三个小时喂乳一次时，孩子嘴巴一含住，我就痛到表情扭曲。

伤口被划开后还被用力吸吮，那种痛就像有人在血肉模糊的伤口上撒盐，我痛了整整三天乳头水肿才渐渐消去，但当我以为我已经Level Up不会比这更痛时，又过一个月，这次是乳头水泡破掉后引起的伤口感染。

乳头被刀割划伤后又被火烧，这就是我当时感受到的痛，水里来火里去。那时已经喂到第九个月，我还是努力喂乳，奔回娘家让父母帮忙照顾孩子，我看医生、打针吃药、喂乳卧床。

寂寞尤甚。我在婚前自己住的房间一个人躺在床上，蜷缩着身体忍耐各种疼痛折磨，痛到想睡也睡不着就又到了下一轮喂奶时间，又要再咬一次毛巾忍耐那瞬间飙到十分的痛感。当爸妈把孩子抱离房间时，我听见他们在客厅嘀嘀咕咕逗着孩子咯咯发笑，那和我这个只属于病人的、皱眉忍痛的房间顿时形成了两个世界，我仿佛只负责鞠躬尽瘁地喂饱孩子，而我自己变成了一个无人闻问的孤儿。

那时我真的感觉到了寂寞，强烈的寂寞，我疼痛不堪，额头冒汗，忍着不掉泪，每次在考虑是否要继续喂母乳时，母亲还是会皱眉问："你确定不喂了？宝宝才九个月，那个谁谁谁都喂到一岁了。"

我的寂寞一点儿都不难懂，不只是因为肉体的苦难，还因为这样的苦难被人漠视，每个人都期待我身为母亲，就应该为了孩子咬牙忍受。

连我自己也是这样期待着的，但我好痛，那种痛，没有经历过的人难以想象。无论男女，把你平常最敏感娇嫩的乳头用刀割开后再用火烧，每两三个小时派个小动物用力咬住吸吮，怎么可能不痛？痛到我觉得自己上辈子一定是个十恶不赦的坏蛋，所以这辈子才要受此折磨，也就是在那时候我开始体会到，我跟父亲、母亲、丈夫，真的走在不同的道路上，我的苦，只能我自己承受。

我记起很久以前看过一本小说，书名不记得了，但是内容给我留下了深刻印象。此时又想起的原因，就是里面十几篇女人的故事都是在说，她们吃了很多苦，然后顿悟——就是因为上辈子罪孽深重，这辈子才生为女人，受分娩育儿、爱怨别离之苦。

按照这本书的说法，女人唯一的解脱不是老死就是出家。虽然很难认同这样悲观的结局，但我在那阵子，为什么时常想起这本我不赞成也不喜欢的书，理由可想而知。

我上辈子一定是坏蛋，是大坏蛋啊!

可能有人会说，那为什么不退奶、打针或吃药呢?因为奶不是说退就能退，喂母乳的状况有上百种，有人很顺很顺地一路喂到两三岁，有人状况不断却又退不掉。我就是后者，只要想少喂一点点慢慢退奶，奶就塞到我又从头来过，那时我除了疼痛以外还受到恐惧的折磨，因为每次只要一塞奶，你不迅速解决，情况就是会越来越严重。

乳汁不会因为你前端塞住了，后端就不分泌，我曾经塞到乳房被撑大成一个硬邦邦的魔术方块，痛得要死以外我怕到连哭也没有时间，只是在厕所里低头弯腰拼命地想要挤出、疏通前方堵住出口的硬块，用消毒过的针自己戳进乳头这种事情都做得出来，只要能快点儿解决，可能要我用刀自己划开都做得到。

解决塞奶问题就像跟时间赛跑，有执照的医生不是想挂号就挂得到的，几次经验后我知道即使冲急诊室也没有用，除了让陌生人（甚至是男医生）检查胸部的难堪以外，还是得自己挤出来才能解决。

另一种恐惧是不知道什么会塞奶，我已经吃得清淡至极，但有经验的人就知道塞奶发奶食物对每个人都是不一样的，同一种东西有人发奶有人退奶，我吃什么都不会退奶，却常踩到地雷突然又塞起来。

每天我几乎都在摸着乳房中度过，只要今天摸起来都算软，我就松了一口气，突然有喂完奶仍没消的硬块，我就紧张害怕。

我活在疼痛跟恐惧中，还是会对孩子笑，我还是觉得他是我最大的幸福，但我抱紧他，也会感觉到自己的孤单无助，我喂母乳喂到有苦难言，感受不知道多少次“没人关心我，大家只担心孩子有没有母乳可喝，只担心我能不能把他照顾好”，那时我才深刻感觉到，啊，母乳这件事情，是身为一个母亲最孤独的缩影。

分娩是一时的，喂母乳的时间却可能相当漫长，亲喂母乳的宝宝很有可能把母乳当成了唯一安慰，不接受奶瓶和奶嘴。只有我有母乳，这件理所当然的事情也就意味着：只有我无法休息，无法放风离开小孩超过三个半小时，半夜孩子哭了，只有我起床哄，众人酣睡我独醒，抱着孩子喂他喝奶，再抱起来踱步哄睡到天亮。

好几个独自完成的夜晚，几乎到一岁两个月停喂之前，都是这样独自度过的。疼痛与恐惧、疲倦，还有拥抱着小孩感觉自己无人取代的那种沉重的幸福，我的心情何其复杂，说出来，可能也有人不相信我仍感到幸福。

我面对着各种身体折磨，还有感受到周遭所有人都把孩子放第一位，对我的苦痛漠视，或者是爱莫能助。

但我仍然觉得抱着孩子好幸福，我好爱他，我孤独地爱着，那么多人爱他，但有一种爱，只有身为母亲的我能够付出。

因为这种爱好艰难，我好辛苦而且无人分担，但想到那是只有我可以给孩子的，我就义无反顾。在感觉到别人不太爱我的时候，冷静下来也觉得，啊，其实怨不了谁，连我自己都沉浸在对孩子的爱里，也忘记了要爱我自己。

可能一旦对自己产生怜惜，眼泪就会止不住了，所以我不去想自己忍受多少，只当那是必经的过程，想着总有一天会不用再喂母乳，哪怕是喂到两三岁。

在这里可能要说明一下，退奶这么艰难也是因为我对退奶针有长达十五年的疑虑，我的母亲大约是在十五年前患有乳癌切除了乳房，因为患处就是打过退奶针后来不及吸收而残留的乳汁淤积，所以“退奶针”这三个字，在我家听起来和乳癌是高度相关的（当然，癌症的成因复杂，我非专业不能断言，只是说这是我个人不敢打针退奶的原因）。因为天生体质不容易退奶只能继续过这种日子，我骑虎难下，无比矛盾，只能说服自己勇敢坚强，继续燃烧自己。

我从原本的四十八公斤，胖到怀孕后的六十公斤，但喂到一岁两个月时我已经瘦到四十一公斤了，每次感觉到自己好累整个人轻飘飘的，又因为容易塞奶而吃不了补品，我就想到有部讲饥荒的电影叫作《一九四二》*。我没有认真看，只是记得有一幕，大家都因为饥荒饿死时，刚出生的宝宝被放在已经饿死的母亲身上，旁人催促着：“快点快点，让他再吸点儿奶。”

---

* 电影《一九四二》，由冯小刚执导，二〇一二年上映，是叙述大时代的悲歌。剧本改编自小说《温故一九四二》。叙述了一九四二年河南大旱、蝗灾，此时中国正处于抗日战争的僵持阶段，民不聊生，数百万百姓遭受着饥荒的痛苦，背井离乡逃荒的故事。

我知道写到这里，已经引起了准妈妈们对喂母乳的恐惧，但这真的不是我的原意，我还是要强调，有的人喂得很顺，我真的是少见的，集种种不顺于一身的特例。

为了孩子我真的甘愿承受痛苦，反正我的母乳也退不掉，我别无选择，可是我也常常感觉到孤独，幸福跟孤独怎么分得开呢?

关于亲情，关于爱情，很多想法都因此改变。亲情这里先姑且不提，我好重视爱情，但在那时我对爱情的感觉也有一点儿变了，比起丈夫，我看到物理治疗师时才是真正的激动流泪。

没有办法，因为只有她能解决我的塞奶问题，我想当时在我身边，感觉到自己毫无帮助的丈夫，心里也是一样的孤单吧。

曾有朋友说他怎么可以这样，在我病痛时过着一样的生活甚至看电视打电动，但我很理性地回答：“不然他还能怎样呢？久病床前都无孝子了。”

说真的，那就是我当时的体会，病痛是最孤独的一件事，别人不能帮你病痛，只能过他们自己的生活。

我们不是不相爱或是不在乎彼此的夫妻，只是，相爱，也不能为别人的人生负责。相爱，也不表示对方能帮助解决所有的问题。

我想他也在面对他的孤独。曾经他以为能照顾我，而且他喜欢照顾我，但在那段时间，他也在体会什么叫作“无能为力”，只能看着我独自努力的那种无助。我不敢断言他的心理状态，也不知道他对我的感觉是否也因此变了。一个孩子，让我们意识到了即使亲如夫妻，每个人还是有各自的课题。

我们牵手看见不同的人生景况，有时我会觉得很难过，丈夫好像就是不懂，这跟过去那种心心相印的亲密感是不同的，但现在我渐渐感到庆幸，至少，我们还是牵着手的。

有那么多课题只有自己能面对，回忆起过去没有这些课题的自己，也不免怀念过去的天真烂漫，但是如果一切能够从头再来，我还是会选择走上这条孤独的道路。

人不就是这样吗？当冲破了一个难关，就会觉得值得。生下孩子的第一年，是我人生到当时为止最幸福的一年，也是最感孤独的一年，那不是过往的我能够想象或承受的，或许是因为身为母亲为母则强（老实说，在最苦的时候，听到别人说这句话，往往也只是加深了孤独感），我发现自己原来如此坚韧，忍着忍着就这样忍过来了。

身为母亲的关键字，相信每个人都不一样，我本来想写出三个，但发现还是重复了：幸福、孤独、幸福。可能那就表示了我的幸福大于孤独感，能这样就很值得。

孩子会长大，我很快就要面对放手让他自由成长的日子，让他自己去面对人生的课题。每想到这里，我就想紧紧拥抱他，但愿能停下时间，让我再多感受一下我们紧密相连，成为彼此的世界的日子。

身为母亲，将来我要面对的孤独，又是孤独的另外一课啊！

9

青春

我的青春只剩下桌上瓶瓶罐罐的保养品，像时候不早非离开不可的客人。

五月天有句歌词说：“长大太慢，变老太快”*，恰恰适合形容我和孩子的处境。

* “长大太慢，变老太快”这句歌词出自台湾乐团五月天的《候鸟》一曲，收录于二○○一年《人生海海》专辑中。

我每天在看着他，若不是一时兴起翻出旧照，我还没发现孩子一下子有了这么多变化，总觉得他是不是都没长高；但每天看着镜中的自己，我却觉得自己是清清楚楚地、一点一点地在老下去。

抬头纹？买一送一，多给的不用找了。

毛孔？突然好明显。

眼下细纹？像干掉的泪痕。

这些都是一天又一天睡眠不足、忙碌、陪玩晒太阳又没有保养的结果。

人生不是很公平的，但皮肤状况好像有点儿公平，扣掉每个人的先天差异，后天投入心力金钱保养，多少就拉住了一点儿青春的脚步。

我在带孩子之后没有太多心力、时间、金钱，换言之，生活没有太多留给自己的余裕，初老，就大摇大摆闯进了门来。

和还未婚未生的朋友相比，我搭上了时间的快速列车，皮肤受到了明显的拉扯。

但那又怎么样呢？唉。

总不能只有孩子长大，妈妈都没变地等着孩子追上来，就像真实世界里的魔女吧。

事实上我很早就开始想了。我总觉得到了一个阶段，青春美貌就开始成为记忆的一部分，人如果要过得好而不是唉声叹气，就要早早学会面对什么是注定失去的。

年轻、健康、财富、人际关系，按照某种也许每人不同的顺序，开始一个个溜走，其中当然就有青春，尤其女人的青春美貌，真的像花朵般脆弱易逝。

我想象自己在某个阶段后，不再执着于年轻的美，而是能让人觉得顺眼，看着也愉快。只是要以此为目标的话，首先，就是要看着我的抬头纹还笑得出来。

青春的美，真的美得很短暂，而青春消逝的美，与其说是视觉不如说是听觉上的，是月下美人在清晨开花，日出时垂首闭合的那一声。

孩子是一瞬间就长大了，与此同时，我开始安静地变老。他的时光列车像挂满了乐器般叮叮当当，神气无比地向前驶进，我的青春只剩下桌上瓶瓶罐罐的保养品，像时候不早非离开不可的客人，主人再怎么热情挽留，心底也知道是徒劳无功的。

当妈妈了，老得快实属正常，但比起有大把光阴可供浪费虚掷的二十岁，现在的我至少知道青春去了哪里，我的青春，溜去呵护了另一个白嫩嫩的小生命啊。

10

关于爱情

在你很孤单的时候，他也很孤单。

一日，你牵着孩子的手，走在阳光穿过树梢的公园里，你看见前面有一对情侣，女孩把头靠在男孩的肩上，男孩摸摸女孩的头，好像说了什么好笑的话，两人就一起笑了起来。

那一幕唤起了你心里好多东西，想起自己也曾那样被男友逗笑过，而现在，你已经是妈妈了。

你当妈妈的资历还不够久，没有让你忘记太多事情，所以只要闭上眼睛，你随时可以看见心里的那个女孩，她问了一个你害怕听见答案、又渴望获得答案的问题：

“结了婚，生了小孩，你还相不相信爱情？”

在一般人的眼里，已婚者的爱情似乎暗示着不伦，爱情跟父母更像是一种逻辑上的互斥，好像有一个不能明言的必然法则——因为爱情而选择成为夫妻、进而成为父母的男女，走到这一步就已经（或迟早）要告别爱情了。

那些婚后并没有生孩子，或多或少维持着少女情怀的友人，还不明白你有了小孩之后过着什么样的生活。她们也会说柴米油盐酱醋茶，但在还没有加进奶瓶尿布前，只要用心，还有可能延续某一种生活情趣。

但不只是结婚还有了小孩的你已经没有了经营小确幸的余裕，你想不起上次对老公撒娇是什么时候，当孩子终于睡了给了你一点点空当，你只想放空，连做白日梦都没有力气。

“所以，你不相信爱情了吗？因为很累，所以根本没有爱情存在的空间了吗？”女孩追问，你可以看见她的恐惧，曾经有一段时间你也问自己，你想相信爱情，但要怎么相信？

你忍受怀胎九月的不适，生了孩子、坐完月子、挤母乳、照顾孩子，好长一段时间你只想要丈夫多了解你一点，想跟他分享胎动的神奇、一起看超音波照片，在孩子生下之后，你只想要他懂你心里和身体的苦。

但他不会懂，他似乎总是隔着一段距离似懂非懂地看着你，你不再因为他一句话而发笑，你没有空听他也没有空讲，小宝宝是你们“爱情的结晶”，也让你们忙到把爱情忘记。

你只记得寂寞，因为亲喂母乳又全职育儿，孩子似乎永远都在你身上，你没空思考自己究竟还爱不爱丈夫，只感觉到当他还在状况外时，你对他有多么失望。

嘿，我们就算没有了爱情，也该有伙伴情谊吧？还是像你们男人说的，一种义气？

你想象的义气是丈夫会主动来照顾你，帮忙分担育儿的琐碎劳务，但现实是你在琐碎中被磨出好几条皱纹，而他还是那样，上班下班、吃饭睡觉、看电视、打电动。

尽管在家务的分工上你开口他还是会做，但你并不满意那种“把伤害降到最低”的工作方式。身为父亲，他似乎想要尽可能地降低一个宝宝对生活造成的冲击，做完家务后他迅速进到房间、带走要洗的奶瓶或要丢的尿布、抱一抱还不懂互动的婴儿，然后他说：“没事了？”就又像一阵风似的出去了。

他不知道自己该做什么，所以过的还是原本的生活，想到或许他还在心里觉得自己已经是个不错的父亲，你就心头一阵火起。

偶尔有什么事情，像公园里的一景，提醒着你爱情曾经经过，你问自己，这一切是不是就像其他人曾告诉过你的，“婚姻里没有爱情，只有责任与义务？”

“如果没有爱情，我干吗要去多扛一份责任和义务？”

“因为性，一切都是因为性吸引，而爱情只是性的外包装，如此而已。”

这样回答你的是一个男性，一个资深的已婚者，这答案深深地伤了一个年轻女孩的心。

如果爱情是为了繁衍，为什么不当一只持续繁衍的蚂蚁?

在婚姻与育儿的疲惫中，你仿佛站在一个选择的关口，往前走，是加入前辈们从此对爱情嗤之以鼻的老路，好像那只是年轻人自己在骗自己，又或者你可以停下来，找一个不同的方向，不再继续闷着头累积怨怼，而是披荆斩棘。

像一个哲学家似的，你开始讨论爱情。

在厘清爱情存不存在之前，首先要作出定义。

如果爱情是性而且“只是”性，那当你完全没有享受性的余裕时，爱情应该也就不在愿望清单里，你不该会为此感到失落。但每次你感觉丈夫和你活在不同世界，他的世界日出日落，有着跟你和孩子截然不同的作息时，你的痛苦是那样真实。

因为他让你感到孤单，而你对爱情的定义不是那样子的。你一直认为爱情是一种想要守护他人的感受和冲动，当你说你爱一个人，意思就像陈升的那首歌——《不再让你孤单》*。

你怀疑的与其说是爱情，不如说是在为人父母的压力下，你的丈夫是否还爱你。他对父职的消极抗拒，等于直接或间接地让你独自面对成为母亲的冲击。他若是爱你，怎么舍得你孤单无助?

有些问题你不敢问，像是在育儿生活的烦琐中他是否觉得快乐，你害怕不快乐的生活会把他推得更远，但你也觉得这并不公平。在生儿育女带来的种种转变下，明明是你首当其冲，你主动或被迫做出的改变都比他要多，没有人问你是否快乐，他怎能因不快乐而不爱你?

你们开始争吵，导火线很常见，你想回娘家重温身为女儿的

---

* 《不再让你孤单》收录于陈升一九九四年发行的专辑《魔鬼的情诗》中，缓缓的旋律演唱出爱情最美好的守护。

甜蜜，而他的脸很臭，同意，但情绪反应显示他不同意。

“你回来，也是在打电动看电视，我好不容易忙完小孩的事情跟你讲话，你也是‘嗯’一声，头也不抬继续打电动看电视，那我现在带小孩回娘家，你不就可以更大方地打电动看电视了吗？”

他生气起来：“我不知道怎么说，但是我不是为了打电动而打电动。”

这句话让你好气又好笑，你带小孩累得要死，但还没失去你的幽默，他成功地转移了你的注意力：他为什么忽略你?

“那你是为了什么打电动？”你问，像对一个小男孩感到好奇。

“……我不知道。”

在你的孩子还没有大到可以被称为小男（女）孩之前，你的丈夫看起来就是个小男孩，他不知道自己为什么突然很想要打电动，可是你却突然明白，那是因为他想要逃避。

如果你身边有个像你一样全力以赴的母亲，代替你迎接所有新生儿带来的挑战，或许你也会想要逃避，会想继续维持所有你不想改变的美好生活。你没有这么做是因为你没有援手所以别无选择，但你的丈夫不同，他有你。

你挡在前面让他可以少面对很多，也让他觉得自己越来越不重要，好像他只是一台ATM（自动提款机），不管是对你，还是对孩子。

你发现了一件你一直知道、但显然没有认真思考过其中含意的事情，就是你是母亲，他是父亲。

他跟你不一样，孩子不在他肚子里长大，他跟孩子少了足足九个月的休戚与共，你跟孩子之间始终连着一条有形或无形的脐带，你们被紧紧地绑在一起，而他被排除在外。

在你被推上浪尖，艰难地扮演着母亲的角色时，他收到的是一张降级通知单，上面写着“从今天开始，你老婆将以别人为优先，而不再是你。”

在丈夫的世界里，孩子也是空降部队，像一个听了九个月“传说中的重要客人”。过去你对他嘘寒问暖、在他说笑时予以回应，那些爱的表现现在都没有了，取而代之的是“你去帮我洗一下奶瓶”“你去换一下尿布”“医生说小孩应该要怎样怎样，所以你不应该怎样怎样……”

他嘴上说好，心里其实顽强抗拒着身为人父的事实，在他的想象里成为父亲应该是一件“自然而然”的事，意思是妻子应该把孩子照顾好，他帮忙做其他的事情，可能会累一点儿，但是，生活的百分之八十都应该跟原本一样，妻子会和以前一样快乐，而他也是。

他是一个小男孩，只会幻想自己游刃有余，总是希望另一半对他点头微笑，但当你“升级”成为母亲时，逗笑你也变得困难了。

没有人是在准备好时成为父母的，关于照顾，你比他有更多的本能勉强可以当作装备，但你疲倦时他也不知道自己该怎么办，他自知辛苦远不及你，只好遁入永远的男孩殿堂。

爱情原来是这个样子的。

发现并承认对方的脆弱和无助，正如你发现自己的一样。然后你坚强起来，在觉得自己根本一点儿力量也没有时勉强分给对方一些力量，正如你希望在你需要的时候，对方也会这样对你。

你突然了解了爱情，在排除了性和激情之后，最深刻、最让人向往的或许是那个隐藏的第二父母，那个在我们最无助最挫折、最不可爱也是最依赖人的时候，仍然表示会无条件支持我们的人，不管是不是勉为其难。

你爱上一个男人，不只因为性吸引，还因为你感觉他可以保护和包容你，就像你憧憬的那个理想的父亲。而他爱上一个女孩，是因为在她面前自己好像很行，却又不必总是很行。他在她身边追求两种相反的感觉：像一个大男人那样付出，像一个小男孩那样获得。

你的憧憬在育儿生活里受挫，他也因为理想和现实的差距受挫，在你很孤单的时候，他也很孤单。

如果那份孤单说明了爱的失落，究竟是你先不爱他，还是他先不爱你？追求爱情的人该不该讲究顺序，像一笔害怕亏本的生意，你不把心先给我，我就不会给你？

如果只是恋爱或许还可以这样吧，以保护自己为优先，然而这是婚姻，你认为婚姻是一种会努力爱着对方的承诺，你不冒一些风险不行。

他孩子气的发言让你突然想起，其实在爱情里面，他一直都很需要你。

需要你的了解，你不说破的体贴、不伤他自尊的善意，还有，需要你偶尔（有时你觉得是时常）默许他的不完美，默默地等待他进步（或者不会进步）。

因为你也是这样的人，一个不完美而且不可能变得完美的人，所以你们才走在一起。

你不再怀疑他是否爱你，只是突然对爱情有所领悟。长久的爱情不是天雷勾动地火后将一切都燃烧殆尽，而是细水绵长。透过爱情，人们渴望建立一段关系，这段关系最深层的期待，是两个凡人，在没有血缘的情况下，对彼此拿出最多的包容与善意。

你想起“所有男人来自火星，女人来自金星”的说法了，你的丈夫不会主动帮你，因为他不知道怎么做，他想提出解决方法时你哭着说他不懂，你下达指令时他又感到抗拒，这一切都只是火星人跟金星人难以和平共处的老毛病，你早就知道了。

你知道只有女性（而且还不是全部）天生懂得同理，像你的女性友人那样有着丰富的想象力，尽管她们还没成为母亲却能察觉你的困境。但是男人永远也不会成为母亲，你不能期待他用她们的方式爱你。

看着他陷入孤单，你问自己，照顾宝宝已经很累了，还有没有余力陪一个成年男孩迎接父职，再长大一次?

那好像需要你更多的爱，而爱是不是有限的，在你几乎把所有的爱都给了小孩，连爱自己都变得困难时，你是不是应该要避免付出以免自己枯竭?

这些问题都没有人能回答你，也不是哲学思辨，你必须实践，这世上有多少人就有多少实践方式，在实践的过程中有人否定了爱，也有人坚持到底。

你决定继续努力，然后你突然明白，其实爱也和其他事情一样，选择自己想要相信的，然后坚持下去直到你能问心无愧地放弃，不过这样而已。

心里的那个女孩，她对你说："关于爱情，我还是想要相信。"

你从她那里得到了勇气。

11

喧哗

我们不是不相爱，只是自己跟自己吵了起来，喧哗一阵，然后，我们往前走。

吵架，日文汉字是“喧哗”，用中文理解有种微妙的贴切。像是旅行途中停下来放的一串鞭炮，有点儿莫名其妙，有点儿恼人。但是在亲密关系里，有时就是得喧哗一阵，好好地开始并结束，然后，才能继续向前。

今天发生了一次小小的夫妻争吵，压下还想说些什么的冲动，我们勉为其难地在对方脸颊上亲吻了一下，勉强说一句“我爱你”，然后我出门，在一间距离我家非常近却好像始终无法踏进一步的咖啡店里坐下。（门上清楚写着：十二岁以下孩童请勿进入。就好像它对我的孩子来说是辅导级电影。）

坐下来，看完半本书，我开始想，孩子出生后，我们的吵架和之前有什么差别。

一些规则没有什么不同，婚后这几年，我们一条一条往上加。

第一点，不要忘了道歉，就像在网络上曾看过的一段箴言：“对不起”不意味着认错，不是一种是非的宣称，而是表示我们在乎，表示我们为了刺痛对方而感到抱歉。（虽然有些时候，也是因为想要息事宁人的一种冲动，难免会稀释掉和解的诚意。）

第二点，吵架中及吵架后，即使全身僵硬着不想向对方靠近，也要靠近。我们要碰碰对方的肩、脸颊、头发，可以的话留下轻吻，提醒自己也提醒对方，这只是吵架，不是放弃这段关系。

第三点，或许是因为有了孩子，我们要收敛音量和态度，在我们纠结于你说了哪句话而我又怎么回了你的时候，要表现得不像是彼此憎恶，尽管在吵架时总是有一种冲动——我（你）不想再看见你（我）这个人的脸，至少暂时不想。尽管这样的冲动随时会涌上来，但基于某些彼此都有的不愉快的童年回忆，我们仍然约束自己好好讲话，慢慢讲话，小声讲话，不站得太远而只保持一米的近距离讲话，这些讲话的姿态，可能比讲话内容还要重要。

我们尽可能地表现得像是两个斤斤计较的人在讨价还价（那很有可能是事实），而不是一对互怨互憎的夫妻。（相恨的父母，是父母给孩子的最糟糕礼物之一。）

为了孩子，我们必须比过去更强烈地提醒自己：拿捏分寸。在吵架中表现出来的自制，不再只是因为我们在乎彼此，也因为我们在乎孩子，在他成长到那个阶段之前，绝不逼迫他去理解他尚无法理解的事情。那些婚姻里的困难，像一个没有被说完的童话故事：王子和公主结了婚，从此过着幸福快乐的日子，以下空白。那是只有已婚者能读的无字天书——他们被巫婆（为什么不是巫师？）的诅咒纠缠，留下了一个偶尔会变成两只刺猬的后遗症，这个症结没有善良的巫婆可解（为什么又是巫婆？），他们只能忍耐，和不可避免的刺伤和平共处，（努力）过着幸福快乐的日子。

总是要在关于争吵的一切被留下、人往前走的时候，我们才看得出争吵的理由总是微不足道的。一个手势、表情，一句话，或很多的手势、表情，不自觉或隐约自觉的很多句话。我们像在自己编织的网上纠结、滑倒的蜘蛛，一脸但愿没人看见的狼狈，但彼此都看见了王子和公主变回刺猬的那一面，看见我们讨厌却仍然努力彼此接纳、拥抱，和对方还有和心怀童年忧伤的自己和解。

总是要在离开对方后，感觉这样自制的争吵跟毫不收敛的争吵是同样的喧哗却有着不同的疲倦时，才会意识到我们是在跟自己吵架，跟那个容易觉得被冒犯、觉得自己不被尊重、容易怀疑自己不被对方所爱（或不爱对方）的自己吵架，然后开始庆幸自己刚才用尽力气地克制了，节制了音量、语气，自伤自怜但仍然尽可能谨慎地挑选了字词。

我们不是不相爱，只是自己跟自己吵了起来，喧哗一阵，然后，我们往前走。

Chapter 2

那些孩子教我的事

1

无人知晓的夏日清晨

“长大后你就不能这么任性啦，现在在妈妈怀里你就尽情撒娇吧！”

今天又是一个无人知晓的夏日清晨，早上孩子不到五点就起床哭闹，闹到后来，我彻底清醒，等他睡了，我只好到客厅来陪猫、写写东西。

虽然很累，但我其实也算享受这样的早上。看着窗外天渐渐亮了，突然觉得有点怀念。

怀念孩子不让我好睡的日子，其实今天也是吧。

孩子在一岁两个月前经常夜哭，晚上很少好好睡觉，我拿出所有教养专家、亲子博客的绝招都完全没用，后来投降顺着他意的结果，就是我常常抱着他，在客厅踱步到天亮。

有时候真的累惨了，爸爸就会起来接手，好像爸爸的怀抱比较宽大，抱起来更加舒服，不管怎样，我的宝贝就是一个经常让爸妈看日出的孩子。

有多少爸妈跟我们一样呢？原本我以为很少，后来上网看别人聊到，才知道应该不算少数，只是成功让宝宝好吃好睡的人会出来分享甚至出书，而一直没成功的人就像我们，对于该怎么“训练自行入睡”，就很识相地保持沉默了。

昨晚我还接到一个高中同学信息，说她的孩子经常哭闹，晚上不好好睡，让她很沮丧，怀疑自己不是个好妈妈。

我一边担心我好长的回复会给人压力，一边又忍不住写长，因为我就是很想让她知道不要这样想，小孩好带不好带，不是你可以控制的，更不是你的错。

会这么急，大概也是因为过去一年，我也常有这种想法，所以很了解那种心情吧。

要到生了小孩，而且生了一个不爱睡觉的小孩，才会知道原来小孩也有不爱睡觉的，也才知道那有多辛苦。但最辛苦的并不是睡眠时间被剥夺，而是自己已经很慌、看着小孩都不睡很担心、很难过，还要听别人暗示你是个不够好的妈妈，别人带小孩都很上手，多大就可以一睡十二小时之类的。有些建议虽然出于好意，比方说“你就怎样怎样他就会睡了啊”，但听多了还是会很有压力，很想大叫：“不要不相信，我真的已经使尽浑身解数了啊！”

有很长一段时间，讲到小孩的睡眠我就会自责，怀疑是不是我做错了什么。

是我白天让他玩得不够？是我的哄睡仪式不对？是我怀孕期间吃错什么东西还是因为偷喝过咖啡？有朋友问我是不是怀孕期间就很少睡才让小孩习惯少眠，天可怜见，怀孕期间我很不舒服，经常昏睡，反倒是孩子在肚子里醒着，让我夜不好眠啊！

不管怎么样，没有什么事情比可能伤害到孩子更让妈妈感到自责难过。在面对别人的质疑时，想着“我怎么连自己的孩子都带不好”，那种想哭又觉得自己好像连哭都没有资格、比起哭还不如再来研究该怎么办的心情，用两个字来形容，我觉得最贴切的就是“寂寞”。

新手妈妈遇到一个不乖乖睡觉的宝宝（不喝奶或者是一直红

屁屁），心情就会很焦虑、很挫折、很寂寞。

我记得后来好几个晚上，我抱着孩子踱步到天亮，要让他睡着，我决定只要在乎这件事，而用背巾抱住他，用毛毯裹住我们两个让他觉得暖和，然后不断踱步，这是我找到的唯一解决方法。

我称这样的做法为“回到子宫内的错觉”，后来随着他长大，这方法还变形出许多不同版本，有一阵子他一定要我唱日文的《龙猫》*才肯睡（别人唱或者唱别的歌还不行）。我印象深刻的是有次我乳腺炎回娘家住，没想到又食物中毒，蜷缩在床上只要动一下就肚子超痛想上厕所，但孩子晚上又闹起来，只好让我妈抱着他，听我坐在床边气若游丝地唱《龙猫》（然后没唱两句又去厕所了）。

现在想来很有趣，但当时真的是费尽心力，或许就是出于母爱吧，即使是那么狼狈，在看到孩子听着《龙猫》才甘愿睡着时，我还是觉得幸福感大于辛苦。

---

* 《龙猫》是宫崎骏执导，于一九八八年推出的动画电影。描写了日本在经济高度发展前存在的美丽自然，以及只有拥有丰富想象力的孩子才能看见不可思议的龙猫世界。主题曲以轻快的旋律唱着“Totoro Totoro”，朗朗上口，受到观众们的喜爱。

是很焦虑、很挫折、怀疑自己时很寂寞，但是带着难带的孩子就是这样，只要有一点点成果，也会非常开心。

抱着孩子从深夜踱步到天亮，因为太安静了仿佛整个世界都只剩下我们两个，想着“不能诉苦因为别人不见得懂”的寂寞感，还要唱他喜欢的歌，对他说“长大后你就不能这么任性啦，现在在妈妈怀里你就尽情撒娇吧！”的那种幸福感，我想我未来还会一直怀念。

身为难睡宝宝的妈妈，那就是“无人知晓的夏日清晨”啊。

顺带一提，后来丈夫越来越有“身为父亲我也责无旁贷”的气势，所以换他抱着孩子到天亮好几次，我觉得他辛苦所以总会问他要不要我来，他虽然累，但还是很多次拒绝了我的帮助。我想一方面是他终于发现我很辛苦，另一方面就是抱着孩子，也让爸爸觉得虽然很辛苦，但也幸福吧。

会上瘾啊，这件事。

2

相爱容易相处难

要记得，爱就是恒久忍耐又有恩慈啊！

相爱容易相处难，这句话不只适用于恋爱结婚的男女，也适用于一岁半以上到三岁之间的小孩和他的父母。

身为一个二十四小时无处可藏的全职母亲，我惊讶于怎么没有人提出母亲心中不时产生的一种质疑，那种质疑非常类似于相爱但时常为琐事争吵的伴侣会发出的，“你真的爱我的话，怎么会处处跟我作对？”“你明知道我不喜欢这样，为什么就偏偏要这样呢？”

一岁半的小孩开始正式迈入所谓的Terrible Two*，也有人说正是猫狗嫌的年龄。论外型，他和以前一样可爱甚至是更可爱了，那发音不标准但偶尔冒出的几个单字更让人惊喜不已，只是比较奇怪的是明明平常都口齿不清地讲着叠字，像是“狗狗”“车车”“饭饭”，说起“不要”时却是字正腔圆。

要吃这个吗?

——不要。

我们走这里。

——不要不要!

要洗澡了喔!

——不要不要不要!

还不会说我爱你但非常会说“不要不要”，除了可爱的摇头摇手以外，还加上非常不可爱的满地打滚、尖叫哭闹，奇怪的是

---

* Terrible Two一般指两岁的幼童开始发展自我主见，喜欢挑战权威、自己做主，但因为语言能力不足以完整表达内心想法，常会以哭叫、打人等方式来代替，让家长感到十分恐怖、头痛，因而被称为Terrible Two，也有人称之为Devil Two。

这些叛逆行为总在妈妈面前特别加码，爸爸要帮他换尿布时会自动乖乖躺下，妈妈要帮他换尿布，他的回报就是连打带踢。

孩子在其他人手上总是乖巧的，遇到妈妈就特别任性撒泼，好像他也知道“妈妈”就是不同的，当他想要尽情地任性、挑战父母设下的规矩和界限时，他总是第一个挑战妈妈，摆明了吃定妈妈。

虽然不知道在孩子的小脑袋瓜里，有没有“爱”这个字眼，但是根据他的行为判断，他好像知道跟其他人相比，母亲的爱是最有可能接近无条件的爱，因此他在母亲身边总是特别安心，神经放松下来，就只想做些放纵的事了。

教养专家说小孩迈入这个小叛逆期其实应该引以为喜，因为这表示小孩开始形成自我的概念，是正常的。只是“为孩子的成长而喜悦”实在是说来简单，孩子开始“不要不要”，故意把妈妈用心准备的饭菜弄洒一地，或者是蛮不讲理地要求一件不可能的事情，不从就用满地打滚尖叫来回应时，相处起来的感觉，和前几个月照顾什么都不会的婴儿相比，是一种不同的精神压力。

面对着为反对而反对，要什么就是想坚持得到的孩子，疲累了一天的父母，必须拿出高难度的情绪管理技巧，才能保持自己的态度如专家所言的“温和而坚定”。

虽然认真读过专家的“倒数应对法”并牢记在心，但实际碰上时却做得咬牙切齿。“妈妈数到三，一、二、三……”这几句话是从齿缝里蹦出来的，耳边是小孩哭泣尖叫的声音，把他从地上抱起来时，他还会用小拳头跟小脚乱打乱踢。

孩子把不能尽如己意的不满全发泄在了妈妈身上，又因为知道他还小、还不懂事、还在学习，如专家说的“孩子的自制能力还在发展”，因此面对着这只正在学习如何做人的小猴子，母亲只能压抑着自己的烦躁委屈，选择不跟他计较。

相爱容易相处难啊，也有些人自知对孩子的爱不足以培养出“对猴弹琴”的耐性，于是选择当半职或假日妈妈把孩子托付给他人，但即使如此，母亲总有要直接面对孩子的时候，所以就算找人分担也不能扭转一个事实，那就是当妈妈需要明白并咬牙实践“爱的真谛”，要记得，爱是恒久忍耐又有恩慈啊。

3

孩子教我的事

在学着面对变化时，人就变坚强了。

母亲的幸福早晨，是有一点点自己的时间，好好吃一顿早餐、喝一杯咖啡、上一下厕所。

成为母亲后，我发现自己的愿望变得很务实，我不想要太多不切实际的东西，漂亮的衣服和鞋子包包固然能让人心情愉悦，但在这些都不适合拎着出门的时候，能够按自己的步调准备生活的基本所需，就足以让我感到快乐。

这种快乐是过去被视为理所当然的东西，就算老板再不讲道理，也不会在员工上个厕所时在门外大哭大叫、在她吃早餐时把她从桌边推开，但在成为母亲之后，这些基本人权没有任何保障。全职母亲的生活以孩子为优先，孩子的生存所需、生存以外的各种要求，都随时会侵入、打断母亲身为独立个体的时间表，逼得她放下自己的习惯和喜好，把孩子处理完再来火速解决自己。

以前我很难想象自己能适应这样的生活，我对独处有几乎像空气一样强烈的需求。和朋友旅行时，我会约好各自处理早餐，诚实地告诉她我早上需要独处，那么即使早餐时间在咖啡厅遇到，我也不需要开口招呼。

搞不好让我重新选择一次，我就会在怀孕前努力找一份稳定的正职，再搭配一个可信赖的保姆后进入职场，那么我永远也不需要感觉到自己的作息被剥夺，但也会少了很多时间跟孩子相处。

人生很多事情无法计划，习惯了一切都有计划、事情可以按计划来的人，很有可能因此无法适应成为母亲后的生活，因为孩子的一切在前几年都有些不按常理出牌。书上说他这时应该吃多少、睡多少、何时该睡，有过孩子的人就知道那只是统计，没有孩子会照教科书那样成长生活，他的规则，只有他自己能懂。

孩子有时白天睡、有时晚上睡，有时吃多、有时吃少，书上说他这时该开荤了，他却吃一口肉就吐掉，说他该练习开口学叫爸爸妈妈了，逗弄老半天还是“答答嘟嘟”。

成为全职妈妈后，我不止一次这样想：会不会是我不太会带孩子？如果放在保姆那边，或许保姆有办法让一切按照进度进行?

时间久了，这种质疑也渐渐淡去，我开始学到养育孩子，是给我这种一切都想要有计划、按照计划来才安心的人的重新再教育，养育孩子是人生中重要的课题，和生老病死等其他课题一样，都有它难以预期、无法控制的一面。

生过小孩的人知道那是什么感觉。以前看别人生孩子多简单，自己也想着要几岁怀孕、几岁生产，最好能生下什么星座的孩子，最好是一男一女……然后想怀孕时才发现，自己设定的怀孕年龄可能一下就过了，不要说什么星座了，搞不好根本没办法怀孕，好不容易怀孕了，孩子可能连医生的预产期都不愿配合，不是提早就是太晚了必须催生。一切的美好计划都仅供参考，想完全照着计划走，彻底是一种天真。

在制式的教育、标准化的职场规范下，我们可能都被训练成了适合工作的人，做事情遵守时间表、按部就班、事情开始前就设定好“计划目标”，完成后再交一份结案报告，上面写着“目标达成度”。但适合工作的人有时会不适应母亲的生活，不见得是因为母亲生活比原本工作辛苦，而是那种事情不能计划、计划随时会被打乱、随时要弹性调整的感觉，考验着人的挫折忍耐力，还有面对变化时能够很快调整脚步、转换心情的能力。

隔天有好多事情，孩子却哭闹了整夜不睡，原本出游的快乐心情变成了两个黑眼圈，希望孩子玩得高兴，他却因为累了而只想挂在母亲身上。这些还算是小事，有些影响大些，比方说想要赚钱忍不住接了个案子，以为一礼拜的交期算够宽松了，孩子却持续发烧了四五天，照顾孩子无暇工作，孩子病好了换母亲倒下了。

也有些人原本想生个二胎却怀了双胞胎，原本辞掉工作照顾两个还可以，现在有三个在身边反而非工作不可，既不能陪孩子，工作也不能选喜欢的，一切以赚奶粉钱为最高宗旨，说是人生被第三个孩子改变了也不为过。

诸如此类实在是说也说不完，我一方面想，不知道自己的童年时光，是不是也不时给爸妈这种“意外的惊喜（或考验）”？另一方面，我也理解了爸妈会对孩子表现出烦躁、想要逃避父母角色的原因。

在某种程度上，人是需要计划的动物，按表操课、从自我控制中获得满足的人，对计划更有一种依赖，我们眼中再怎么随性的人，他的“随性”，都是随着自己的性子而不是配合环境或他人的。但孩子让我们放下计划，不能随性，以孩子那说不清、道不明的时间表为优先。做父母的有时只能配合，在孩子真的严重违背该有的进度时，再努力地加以引导。

在这样的过程中，我们学到人并不能“主导”很多事情，就像天气，也像在土地上种下一颗不知名的植物种子，父母充其量只是农夫，对于手上作物的性情和样貌，只能协助而不能全然掌握。

因为事情难以计划，父母学着和自然法则配合，也学到了谦卑，了解到过去以为“事在人为”的自己多少有些天真。从想怀孕而是否顺利怀孕开始，到为人父母陪伴孩子成长，自己都像是一个更广大、更无所不在的力量中的一小部分，必须尊重更大的力量，放下自己想要控制一切的傲慢。

从很小很小的事情，比方说今天早上起床，有没有时间好好上个厕所，到牵涉范围更广的事情，比方说接下来几年能做什么工作，会不会从此改变整个生涯发展，有孩子的人都知道随时有意想不到的挑战，不变的只有以孩子的福祉为优先的父母心。

在学着面对变化时，人就变坚强了。

不知不觉中，我们不再像以前那样因为事情不如预期而焦虑易怒，也学到了当事情（无论大小）能够按照自己计划时，抱着一份感谢的心。

生活容易受到扰乱的父母啊，当事情偶然能够顺心的时候，哪怕是可以安静地享受早餐这种小事，也能像收到礼物的孩子一样高兴不已。

4

那一天你哭了

你不是不幸福，也不是不快乐，只是累了，这让你的泪腺关不紧。

你哭了的那天，孩子八个月大，还在喂母乳的你每天都很累，终于体会到了什么叫作“喂一次奶等于跑好几圈操场”，别人看你只是躺着喂孩子，只有你知道自己的身体在不顾一切地往前冲刺。

你太累了，孩子又刚学会爬，一张大床的范围远远不够他的小手向前探索。你每天陪着他玩，只希望他下午小睡一下，但他体力过人，终于把你的体力和精神都耗尽了。

你不是不幸福，也不是不快乐，只是累了，这让你的泪腺关不紧。每天的活动一停下来，你就感觉灵魂也在别的地方飘飘荡荡。

你一郁闷其他人就紧张，纷纷说着你压力太大了会影响到孩子，也有人说你应该要先让自己快乐起来，毕竟，一个快乐的母亲才会有快乐的孩子。

但你只是很累了，你的身体累到感觉不出快乐或不快乐，你对孩子微笑，也分不清楚是觉得喜悦，还是只是希望孩子看见妈妈笑了。

你的眼泪忍了又忍，不是出于悲伤，只是因为泪腺就跟你身上的肌肉一样，在照顾孩子时紧绷出力太久了，也想彻底地放松了。

孩子刚学会叫妈妈，刚开始会认人，知道谁是主要照顾者。你洗澡时他在门外哇哇大哭，丈夫抱着他，也没办法让他的眼泪停住。

你在氤氲着热气的浴室里，让热水从头浇灌下来，水流按摩着你的皮肤给你难得的抚慰，你心里想着，再一下就好了，再给我五分钟，不，三分钟就好了。

孩子的哭声越来越凄厉，好像你一进去洗澡他就怕再也见不到你，你听见丈夫无能为力地哄着他，然后他把孩子抱到浴室门口，让你听见孩子更大声的哭泣。

你停止倒数自己还有几分钟的时间，只是加快动作擦干身体穿上衣服，一打开门，丈夫一脸爱莫能助的表情，孩子在他手上，仍然伸长了双手要你。

你想先吹个头发，他却把孩子放下，让孩子急忙地爬过来找你。好像除了母亲以外什么都不要的孩子，突然不小心撞到了地板，又开始凄惨地哭泣。

你在孩子的哭声中连忙把他抱起，感受到他是多么害怕你将他舍弃，明明该觉得幸福的，你却因为这非你不可的局面，五分钟休息也不可得的、孩子和丈夫需要你的迫切，扁起嘴，再也忍不住地哭了。

5

孩子不睡的夜晚

与孩子有关的每件事情都没有简单的。

又一个孩子不睡，而你累到精疲力竭的夜晚。

陪睡大概是没有当过父母的人最难想象的一项“劳务”，就连你的丈夫在他真的开始陪小孩睡过觉之前，每次听你说陪孩子睡很累，也是一副不以为然的表情。

你走出房间说“孩子终于睡了”时，丈夫总是在看电视，一部电影才开始一小时，对他来说时间是眨眼就过去了，而你已经累得好像过了一整个下午。

躺在一个怎么也不睡的孩子身边，把专家说的哄睡宝宝的秘诀全部做足，孩子不睡就是不睡。在几个月大时，他是要人抱着走才肯睡，在一岁以后，他有时要抱着走，有时就只是单纯地想玩不想睡了。

而你总是陪着陪着，满脑子都是等他睡了的待办事项，要收衣服、叠衣服、洗碗、收拾今天孩子弄出来的一屋子混乱。你唯一期待的是在做这些事情时可以打开一下电视，让一整天没有开的电视陪你一下，听一下电视里其他人的声音。

全职妈妈的忙啊，忙到一不小心就离群索居，每个人都觉得你忙所以不会约你，连群组聊天里找你闲聊的人都少了。

而你的累，就像陪孩子睡这种累一样，没经验的人不懂，也很难跟他们说。

你只是躺着，好想睡，但孩子不是哭就是翻来滚去，没事又过来捏捏你，你很难在一个不睡的孩子身边舒服地睡着，又因挂心着待会儿要做的事情而越来越焦虑。

等孩子终于睡了，你看了下他的睡脸，想亲一下那天真的脸庞又怕把他吵醒，只能轻轻叹一口气，蹑手蹑脚地走出房间。

这是不知道第几个陪孩子睡的夜晚了。想起以前总以为哄睡孩子，就是在一个安详睡着的宝宝旁边轻哼摇篮曲的你，是多么天真啊，不再把日常生活看得很简单，那就是你这段时间的长进了。

与孩子有关的每件事情都没有简单的，你想象着他终于长大可以自理生活上的一切时，一定不会记得你花多少时间、多大的耐心在陪着他直到学会，想着到时你也不适合夸耀自己的功劳，因为那是你该做的，这些都是只有你自己知道和记着的辛苦，你对自己能够这样付出感到有些骄傲，却又不知为何有些寂寞了。

6

孩子总是在你手上跌倒

孩子跌倒时的伤口很快就愈合了，周遭的指责却在你心上留下了一道小小的裂缝。

孩子在你手上跌倒是一个小小的意外，你和他一起坐在沙发上翻着童书，电话响了，你转身，再转回来，孩子已经跌在地上。

你匆忙把他抱起，嘴里念着“秀秀不痛”，孩子还是那样尖着嗓子哭叫，你低头查看，大概是跌落时咬到了嘴唇，一滴血冒了出来。

一个小伤，你心疼得想哭，抱紧了孩子不停地“呼呼秀秀”，孩子双手环抱你的肩，止住眼泪一下子就嘿嘿笑了出来。

你松一口气，嘴唇上一个小伤口，应该明天就会好了，你没多想，继续跟孩子玩，拍照给亲戚朋友看。

长辈的电话很快就来了：“他嘴巴上那是怎么了？跌倒？你怎么没有看好呢！”

“有啊，但……一下子就跌倒了。”你忙说。

“所以说你要小心一点，要看紧一点，眼睛不能离开啊！”

到电话挂上前，那端还在说着，孩子多可爱，摔着受伤或破相怎么办，她一下就看到了那伤口，心都疼了。

你无话可说，丈夫下班后你想和他抱怨，却又听了几次“你要小心一点”，好像被好几个主管轮番教训了。晚上好不容易把孩子哄睡的你，从正在看电视的先生面前走过，像从荧幕前闪过的影子那样，不想说话了。

隔天，孩子调皮，拿起玩具在餐桌上猛敲，你正低头捡他掉的饭菜，回过神来，急忙抓起他的小手制止：“不可以！”桌面已经出现了一小道裂痕，你叹口气想着：完了。

果然如你所料，先生回家，没看清楚你做的饭菜就先看见了那个小缝隙，爱惜物品的他眉头紧皱，带着刚下班的疲累指责你。

“就叫你不要让他敲东西！你看！桌子破了一个洞！”

“我已经阻止了……”你说得委屈，他还在看这缝隙有没有办法修补，只是被他这么一指，那裂缝好像扩大到了你会从中坠落，你再仔细一看，它又恢复到像指尖一样小了。

在丈夫的指责声中你想起了昨天的跌倒，还有比那更早以前，孩子从床上滚下，又想起孩子吃饭时被丢得老远的汤匙，把饭粒带到你没能发现的地方踩成黏糊糊的一片，然后是桌上这道裂缝，和他开心地敲响了你的计算机让计算机死机的声音。

你的家庭生活显然并不如原本干净美好，孩子像一个小铁匠那样拿起什么都敲来敲去，一声一声地，你来不及阻止他每个小小的破坏，但是又为他的成长感到高兴。

身边的人对你明显地责难着，他们说你不够小心不够仔细，才会有这么多小小的疏失裂缝。“还好没怎样，否则……”这些话是对你的宽容，表示你该庆幸自己没酿成大错。“你每天在家只要照顾孩子和家务，已经很轻松了。”她们这么说，你却从没有感到轻松的时候。

孩子在学会奔跑之前，跌倒了好几次，用玩具敲响出一首节拍之前，也敲坏了好多东西，你为还不能负责的孩子负起了责任，其他人的责任却只有指责你还有过他们自己的生活。带孩子的时间越少的人，越是要求你做到滴水不漏。

孩子跌倒时的伤口很快就愈合了，周遭的指责却在你心上留下了一道小小的裂缝。入睡时你闭上眼睛想着，孩子在你身边跌倒时，你好像也跟着跌倒了，在身体某个不知道的地方，瘀青都变成紫色的了。

7

你想象一个温柔的世界

你为他们提供补给和充电，心里也渴望有一天，换你起飞到你追寻的地方。

你想象一个温柔的世界，在那里，当你抱着孩子时，会有人问你要不要换手；当你说很累时，会有人说你辛苦了；当孩子不小心跌倒受伤了，会有人跟你说别担心，跌倒难免；当你真的觉得自己心力交瘁，孩子又哭闹不停时，会有人对你说你已经是个很好的妈妈了。你想象那个地方，有充分的绿地让孩子奔跑大笑，孩子玩够了就可以乖乖坐好。你想象当你说自己很累很烦时，身边的人会表示可以理解，再热爱的工作有时也让人倦怠，再深爱的人也会让人心烦或忧伤。你想象一个温柔的地方，在那里，大家知道母爱不是万能的，知道母亲也需要充电，知道母亲有时也会犯错，当孩子被母亲的爱轻柔包围时，母亲也需要感受到自己被爱包围着。

你不是天生就会当母亲的，只是你努力在学。你的爱给孩子的一双翅膀，却也像你的一副枷锁，孩子自由地去飞，你从此不再自由。在你想象的世界里，会有人理解你的心酸和矛盾，而不是指责你成为母亲后却不愿意放下自己。你也曾是自由飞翔的孩子，现在是所有人旅行后降落的机场，你为他们提供补给和充电，心里也渴望有一天，换你起飞去你追寻的地方。

你的梦想还在某处等你。在你扮演一个母亲时，依然有人鼓励和支持你慢慢地朝梦想前进，在你想象的温柔的世界里，你曾得到的包容和祝福，不会因你成为母亲而减少了。

你想象的世界和你所处的世界完全不一样，你所处的这个世界，人们传颂着母爱的伟大，像一个女神的神话，这个母亲神不会累，她燃烧自己温暖他人，像一轮永不西沉的红红的太阳。

这个不现实的神话却在现实的世界存在着，在这里，人们指望母亲像超人，只要一声呼唤她一切都会有办法，哪怕她也会无助、也会手足无措而躲起来哭泣。这里的人反复地说着为母则强，一个母亲就像一座铜像，不需要对她柔软，只需要母亲节的一张卡片和一朵花，她不会倒地，当然也不受毁伤。

在这个世界里，母亲理所当然地把孩子和家务顾好，正在工作的也不在话下。她不会轻易说累，否则人们就会鄙视她，理想的母亲既不是男人也不是女人，不会像男人一样为了事业而理直气壮地不准时回家，也不会像女人那样依然渴望浪漫的爱情，想要一副可以倚靠的肩膀。

在这个世界的神话里，只要母亲足够认真，孩子就会健康成长而且听话。在公共场合里尖叫打滚的孩子干扰到了别人的安宁，他们不会说这是孩子的天性或者这孩子还在学习，而是说这代表了背后有一个失职的母亲，一个有力量而且这力量不用充电、永不停歇却自私地不愿再多努力一点因而没把孩子教好的母亲。

你想象的世界和现实世界有很大的落差，以致你的想象听起来更像是神话。你在这个世界里努力扮演着神话的角色，催眠自己你是一个不会累、不怕苦、不怕烦、没有自己的欲望和梦想、不需要被人们温柔对待的母亲神。

在夜里，需要你照顾的孩子和要求你温柔体贴的丈夫都已睡去，那些指责和期待着你的声音也各自休息，闹钟嘀嗒嘀嗒地细数着你不长的休息时间，你疲累睡去，在梦里，看见一座铜像在流泪。

她对你说，她总是幻想着自己能得以做一个人，挣脱这副钢铁的躯壳。她想换一双柔软的翅膀以包裹她柔软的心，像所有膜拜她的平凡人一样，为自己起飞、奋斗，偶尔哭哭笑笑地嘀咕抱怨，在感到疲惫时充电休息。

你替她擦干眼泪，你拥抱她，祝福她的愿望能够实现，作为这个世界里唯一不膜拜她的人。只有你知道她不过是个凡人，尽管她是一个母亲。

8

属于、不属于

这份矛盾的心情是你自己选择的人生，你应该诚心诚意地对它说“我愿意”。

那天你无意间翻起过去的日记，发现你在孩子一岁两个月时，曾经写下过这样一段话：

每个人都有属于自己的事业，我只有不属于我的孩子。

别人看到了，一定会问什么叫作“不属于”你的孩子，你不是孩子的妈吗？但这跟你是孩子的母亲没有关系，你很早很早，甚至早在孩子尚未出生前，就知道孩子不属于你。

孩子终有一天要长大，然后挥挥手，头也不回地远离。他是你的孩子但不是属于你的东西，他不是一项事业或成就，哪怕他现在像你的一部分生命，他仍然是独立的个体，只属于他自己。

你不想像某些人那样，干涉、控制，企图占有孩子的人生来弥补自己身为母亲的付出，所以你绝对不会希望孩子用他的人生报答你，但不属于的感觉确实让人寂寞。你的孩子和你身心相连了九个月，在出生后他仍然像你身体的一部分那样紧抓着你，但他终有一天会和你分离。

每天，你计算着自己还能再付出些什么，像一个暂时性的非营利组织。孩子会长大成人，而不会永远依赖母亲。

他的独立是你的期望，你期许他自由、勇敢，带着你的爱在身上像戴着一个护身符，只是你也会害怕，在这日复一日地付出过后，当你回来面对自己时，还有没有属于自己的东西?

好像只有忙碌，只有和孩子这段辛苦但又幸福的回忆。想到自己将来会如何怀念这段日子，你突然想起了那句著名的广告词，广告只是宣传而你是真的不在乎天长地久，只在乎曾经拥有。

一场注定要分离的爱情也不能和这种寂寞相比。孩子不属于你，而你几乎属于他。

你努力做到了别人的建议“做妈妈的还是要有一点属于自己的事业”，像那些成功兼顾了育儿和工作的母亲，她们的自信神采闪闪发光，而你燃烧了二十四小时后身心俱疲，像《乱世佳人》的郝思嘉，倚靠在楼梯上说出那句：“明天，明天又是新的一天了”*。明天你仍将是一个没把握兼顾的母亲，是一个想要逆风前行、一不小心就会跌倒的母亲。

在时刻陪伴着孩子而感到踏实的幸福里，有时轻飘飘地感觉自己不知会消失到何处去、在属于和不属于之间摆荡的母亲啊，这份矛盾的心情是你自己选择的人生，你应该诚心诚意地对它说“我愿意”。

哪怕孩子从一开始就不属于你。

---

* 一九三九年上映的经典电影《乱世佳人》，改编自普利策文学奖小说《飘》。片尾时，历经战乱、家园摧毁及生离死别的女主角郝思嘉独自面对孑然一身的孤寂，说出了至今仍脍炙人口的名言：“明天，明天又是新的一天了。”

9

桥

母亲好像是一座桥，孩子通过这座桥来到世界，又通过这座桥走得更远。

那天你带孩子出门，和好久不见的朋友见面。

看着孩子向朋友奔去，你惊讶于他的成长和独立，好像他从婴儿长成儿童只是一瞬间，很快地，他就要变成会大声宣告自己不需要母亲的青少年了。

到底是什么力量这么残忍，要让你准备面对这么困难的分离呢?

如果没有这样紧密、不可割舍的一段联结，或许，在孩子成长到一定阶段时放手让他自由，就不会这么困难了。

这段时间你习惯了以孩子的世界为世界，透过他，你对生命有了新的体会，你曾经对这个小生命感到陌生和惊奇，但很快地，你还是感受到了前世曾遇的熟悉和亲密。

你是一个亲力亲为的母亲，所以你们的联结相当彻底，不只是每天换尿布喂奶哄睡那些劳务你不假手他人，也因为二十四小时都在一起，他的心情，总是那样直接地连接上你的。

孩子不是一个受过社会训练的大人，有时你觉得他更像一只自然界的野生动物，他毫无顾忌地在你面前摊开内心，让他的快乐忧愁、愤怒悲伤，像一场无可逃避的倾盆大雨般展现给你。

那样的直接是很多人赞美的。他们说那是一种大人早已失去的单纯和天真，孩子不晓得要掩饰自己的情感或有所防备，所以他伤心时就哭，快乐时就笑。

但是很少人提到这种联结是母亲的累，因为母亲毕竟已是成人，习惯了和成人相处，所有成人或多或少地知道要“顾及他人的感受”和“尊重他人的界线”，和成人在一起，尽管有那些繁文缛节和不明说的潜规则，但至少，不会有人那样全面地把情绪丢给你。

孩子的眼里没有这些规则，因为你和他，在他看来都是他自己。

他以为你们是一体的，就像你曾经接纳他在子宫里居住，在那段时间里你就是他的水、阳光和空气。出生之后，他也这样理所当然地把你和他绑在一起。只要观察一下孩子和父母、和其他人的互动就可以发现，孩子有一种天生的直觉知道谁是属于他的，虽然在持续教导后他也学会不能任性，但在那之前，母亲还有好长一段时间要熬。

在孩子生气用小手挥打你时，你不可能跟他说“拜托不要迁怒于我”，你只能耐心地教，在他学会这些之前，你必须和他处在同一个世界，不能太快、太轻易地切断你和他的联结。

很多时候，这也侵吞了能让你表达自己的距离，你不能表现出烦闷、想要逃避、想要号啕大哭，你只能以他的情绪为优先，在他哭着要找你时温柔安抚，在他无理生气时克制你的怒气。

一段挣扎后你终于适应了这种没有界线的感觉，习惯了他那样赤裸裸地全部都告知你，你越来越有耐性，也适应了在孩子面前几乎没有隐私的生活。他在你洗澡上厕所时崩溃大哭，你也从善如流地开门让他进去。

你放弃了捍卫自己的界线，过着仿佛一心同体的生活，可是看他快乐地向前奔跑时，你又忽然领悟：

这样紧密的、不分你我的一种联结，很快就要被切断。

孩子已经在挑战自己放开妈妈的手能有多长时间了，他抓着你一阵子然后就放手跑开，偶尔回头，确认你还在不在那里。

他依循着本能知道他有自己的世界，而你突然感受到他从你肚子里离开时的那一阵寂寞，很轻盈又很沉重。孩子大了，你给他的一双健壮小腿，就是要他勇敢地奔跑向前。

忽然想起心理学家阿德勒的说法，他说母亲的角色，就是帮助孩子与更大的世界产生联结，所以一个友善的母亲让孩子学到善意，一个充满敌意的母亲让孩子对世界心怀恐惧。母亲好像一座桥，孩子透过这座桥来到世界，又透过这座桥走得更远。

一座桥的幸福与寂寞啊，你突然懂了。

不管你愿意或不愿意，只是一股脑地把一切情绪都丢给你、什么都要和你“在一起”的孩子，很快就会要你给他一点空间、一点隐私，要求你把他看成另一个独立的个体，和他保持适当的距离。

那时你又能向谁抗议，说是谁剥夺了母亲的自我，强硬地拆除了母亲的界线，要求母亲以他的世界为世界呢？

更进一步，假若是孩子的依赖界定了母亲的角色，若你真的百分之百地投入而忘怀了自己是一个个体，当孩子不再依赖母亲时，你又会是谁呢?

你无从想象那样遥远的未来，却又觉得仿佛近在眼前，唯一可以预期的是你不可能回到原本的自己，你没办法扮演过母亲这个角色后又彻底忘记，你被这段历程彻底改变了。当孩子长成一只强壮的鹰，你看着他翱翔天际时，你也要回来面对自己，学着在空寂的巢里平静老去。

一个功德圆满的母亲啊，是不是幸福与失落参半，悲欣交集?

突然间你只想紧紧抱住孩子，重复那句说过好多次的“妈妈爱你”，因为你突然明白，现在这让你满心幸福、也让你觉得疲惫的联结，注定要走向分离。

10

时光

我总是错觉我们要一直这样走下去，妈妈和孩子，你陪着我，我陪着你。

带着三岁以下小孩的全职妈妈，可能很容易就觉得生活是日复一日的吧！

早上被小孩的哭闹叫起床，撑着还很沉重的眼皮到厨房温奶，把奶瓶给他后看着他喝，喝完可能再睡一下，也可能就此醒来。

起床后把他抱上餐椅，一边哄他“等一下喔”，一边做早餐，自己随便吃吃，一汤匙一汤匙地喂他，或者看他自己吃得满桌、满地。

早餐结束，洗碗、擦桌子、擦地，在他玩的时候迅速洗把脸，换衣服，打开折叠式推车，为他穿上鞋子，抱他上车，然后就去公园玩。

天气好时去公园玩是基本的，天气不好时妈妈反而头痛，孩子会在家里爬上爬下、把所有能拿下来的东西都拿下来玩。有的人说小孩能自己玩妈妈就轻松了，但他的玩法也不是真的可以坐视不管的，爬太高、抓小猫小狗的尾巴、猛敲桌子、书柜上的书全部都拿下来、偶尔还自己跌倒在地上哭。妈妈不可能不理会孩子，孩子也很难自己安安静静地玩很久，总是没多久就会来找妈妈。比起空间有限的家里，去公园玩真的好多了。

陪着他在游乐场爬上爬下，牵着手在公园散步，还没有办法听人指挥的年纪，拉着妈妈的手一下往东一下往西，偶尔还原地转好几圈，觉得好玩就咯咯笑了起来。

总是感觉到公园的风、阳光，走在草地上的感触似曾相识，然后想到，啊，昨天也来过这公园玩，前天、大前天，几乎只要天气好的时候，我们一定会来这里，看看这几棵树、这片草地上开着的小花。

一切都好像日复一日般没有变化，却又觉得不管是人或风景都改变了很多。什么时候用背巾抱在身上、只是仰头看着那片小小天空的宝宝，变成了会牵着妈妈的手到处走、到处跑，鞋子掉了会自己捡起来想穿，跑远一点，又会回头笑着向妈妈跑来的孩子呢？

什么时候外出不再那么冷，公园里跑步的人多了，跟着主人出来的狗狗都趴在草地上，偶尔追逐着玩，享受阳光晒在身上的感觉呢？

尽管台湾好像没有春季和秋意，四季更迭总是一下太冷一下太热，但晴朗的日子多了起来，孩子也好像枝头冒出的新芽，突然就活力十足地长大了。

跟孩子牵手在公园小径上散步，看他每个步伐都想跨那么大，小手有些出汗却还是抓得好紧，我总是有种错觉我们要一直这样走下去，妈妈和孩子，你陪着我，我陪着你。可是那被太阳晒红脸的小孩，看见什么新奇的东西却总是毫不犹豫地，“咦”的一声抛开了妈妈的手，看也不看脚下往前跑了。

有时看见蝴蝶，有时看见鸟，有时追别人家的小狗（这时一边跑，嘴里还会一边汪汪叫），有时也发现草地上有一簇一簇的白色毛球，跑过去一把抓住，用惊奇的目光追逐着随风飞扬的蒲公英种子，转头，又对着妈妈做了个疑惑的表情。

跟着孩子走，很容易注意到平常不会注意的东西，那些习以为常的、好像一幅静物画那样静静地矗立在那里的风景，只有跟着孩子才会发现一切的小细节都在变动。叶子转绿了、蒲公英开花了、草地上野花随风摇动着，城市里最常见的麻雀和白头翁，发现人走近就一哄而散地飞走了。

一切都在变化，时间在前进，孩子随着四季变换像一棵植物那样抽长着，他的脸成熟了，表情也丰富了。

不会再长高的我好像停滞不前，也好像悄悄地老了，在有时很有活力、有时也感到很疲倦的公园行程中，我感受着日子的时快时慢，好像有人在玩耍一只闹钟，分针秒针都不按秩序地胡乱走着一般。

在妈妈的怀抱里，像无尾熊一样抓得死紧的宝宝啊，长成了一不注意就到处乱跑、但还会记得回头找妈妈的孩子，很快，就会长成不想要跟妈妈一起出门，别说牵手，连说几句话都会觉得妈妈唠叨的大男孩了吧！

想到这，我就会眷恋起现在晒在脸上的阳光，吹乱头发的风，那因为泥土而被弄脏的小手，还有灿烂如向日葵一般的、孩子对我露出的笑脸。

有一天，随着这样的岁月流转，我的孩子也会像一颗种子那样乘风飞翔，寻找一块理想的土地，又长成一株蒲公英吧。想到这，阳光在我脸上留下的斑点，那些恼人的岁月沉淀，竟然也染上了些许明亮的喜悦了。

在不等人的时光里，孩子，我们一起向前走吧。

11

一个写作的人

想象着有一天这只蝴蝶也将冲破纸面，朝着真正的蓝天绿草自由飞去。

身为一个热爱写作的人，热爱，其实不适合被用来形容我对写作的感受。在忙碌的育儿生活中，多的是已经和小人儿奋战、好不容易忙完家务后，一抬头已经过午夜十二点的夜晚。身为母亲的我当然不是灰姑娘辛德瑞拉，南瓜从来就没有变成过马车，我扑倒在床上，感觉身体像一摊泥巴，眼睛睁不开，脑袋却停不下来地高速运转着。

当了灰姑娘一天一夜，没有王子来接，写作的灵感却总是在这时候造访，爬起来坐在计算机桌前写作不是一种快乐的邀约，而是被某种冲动所驱使、所鞭打而不得不做的事情。

想写些什么的冲动与快乐无关，但后续看着自己的作品感到满意时总是一件快乐的事情。在感到有东西迫切想写时，心情其实很挣扎，我已经累了一天，实在禁不起脑袋里有句子和句子在碰撞，撞得我头痛。

不管是描写生活、想象、想法、观点，还是把自身代入而在脑海里上演的虚构小说，不写出来总是很难受。我不是在睡得饱饱的、神清气爽的早晨写作，而总是在睡眠不足、眼睛深处发酸发胀，身体也累积了一天的劳动只想瘫着不动的情况下，仿佛被某个有虐待狂的工头从睡梦中用鞭子抽醒般，用最后一丝力气爬起来，上工。

像有另一个生命要破茧而出般，我敲键盘的手充满了顾不得时机的急迫，不管是两千字、八千字，写完后我才能觉得松一口气，可以放过这个灵光暂时降临的空洞躯壳，“咚”的一声倒在床上睡去。

白天全心抚育孩子的我，到了晚上也片刻不得闲，午夜凌晨又往往被写作的灵光召唤，有时真觉得外界对写作者的想象纯属浪漫——咖啡厅里的一方角落、一杯咖啡、一首悠扬的乐曲和一个斟酌写下美丽辞句的人。现实是写作者被不可解的力量驱动着，状况不佳的身体被鞭策，花时间写作会让肉体受到双倍的耗竭，不写却是心灵和肉体的共同折磨。

写不出来总是睡不着觉，和写出来不甚满意、觉得和它该有的样子有相当差距的时候，一样让人辗转反侧。好几次我想我真的不能写了，我要先去睡，还是想睡又睡不着地苦撑一小时后放弃了，起来写作。

写完了，我脑袋里的文字才把身体还给我，它像一首乐曲那样兴致高昂地享受着它的生命，放我这个文字劳工回去睡，补足精神，或许隔一阵子，生产线一开，我又再度上工。

直到最近，我才感受到写作和生儿育女的工作之类似，所有功利性的理由都不足以解释，成为父母者是被某种不可解的力量驱动的。他们辛苦、劳累、暗自悔恨这副躯体经不起工作和育儿的双重折磨，但在黑暗里有一个生命在呼唤，不是恳求也不是卑微的拜托，它是不卑不亢地在召唤世间男女为它打开一扇大门，让光线照耀原本混沌的暗处。一个婴儿闭眼等待着眼前大放光明，父母是牵引新生命的使者，那一声在黑暗中响起的婴儿啼哭，让他们从此像陀螺般转动不休。

在一个新生命的到来和成长中啊，父母只是一条他走向世界的过道，任由他踏平、抹去他们原本为人子女时的任性和依赖，甘愿为他铺平这条人生的道路。

直到孩子长大独立，这一闪灵光曾照耀的路面又恢复了沉寂，父母重新获得的时间是微小而美好的一个临别赠礼，宣告他从此得以观望、欣慰地看着自己带来的生命走向属于他的方向，直到自己的肉体生命走向尽头。

是尽头，却不是结束。一条道路走完了总是会接上另一条道路，他们重新回归黑暗，等待着新的一道曙光，一对父母关爱的手，再次接引他们重做那怀抱里受疼惜的婴儿。这一户人家的父母和孩子，匆匆数十年后，又成了另一户人家的父母和孩子。

与其说热爱，不如说不得不写作的人脑海里有一只蝴蝶在扑翅，挣扎着想破茧而出。而那怎么也解释不了“为什么要生小孩”，清楚这条道路辛苦又不防老的父母，看着自己的孩子就像在端详一幅美丽的作品，想象着有一天这只蝴蝶也将冲破纸面，朝着真正的蓝天绿草自由飞去，那半是幸福半是失落的心情，和写作的人别无二致啊。

12

在你眼里的新的城市

你多么希望有一天，这个城市里孩童的欢笑无处不在，他们能唤起成人的赤子之心。

成为母亲之后，你才发现这个城市不如你以为的友善。你看惯了公交车上乘客让座给孕妇，看久了，还以为能做到这一点的城市已经够友善了。

直到自己成为母亲，你才发现带孩子出去，在各阶段有各种不同的困难。一开始是找不到哺乳室，所以你的行动范围被局限于百货商区、地铁可达的地方，这些地方按规定已经设置哺乳室了，其他地方则大多没有。

尽管现在已经有规定不可驱赶在公开场合喂母乳的妇女（都用到“驱赶”这种字眼了），你毕竟容易害羞，也害怕会像某些新闻事件一样，妇女公开喂母乳，却遭到其他人的骚扰或当面指责。

而和哺乳室一样难找的是亲子厕所，推着婴儿车或用背巾包着婴儿，其实都无法使用一般人使用的公厕，只要你是一个人出门没办法把婴儿暂托给别人，想上厕所时通常就只有憋着，或者是把婴儿车推进残疾人使用的厕所。但很多地方并没有设置这种厕所，或者是设置了，却好像从来无人打扫一般。

婴儿尿布台的设置也是很微妙的一件事，除了男女共享的亲子厕所里有尿布台以外，就连那些新开的百货公司也在复制传统的性别分工模式，没有亲子厕所时，尿布台一定被设置在女厕，于是你的丈夫，一个可以帮忙换尿布的好爸爸，只能两手一摊，还是把换尿布的工作交给了你。

这种安排不只是母亲不方便，独自带孩子出门的父亲也不方便吧？还是说，这个社会期待着父亲只要负责陪玩，那些关于孩子的真正麻烦事，还是要求母亲扛起全部的责任？

把尿布台设置在女厕是一种性别歧视，为难着任何一个单独带孩子出门的男人。但那些这一两年才开业的百货公司都这么做，意味着这个社会还非常封闭，它假设一个三岁以下的孩子出门时身边一定跟着母亲而不是父亲，而那些喜欢自己带孩子的爸爸、单亲父亲，他出门时的便利则完全不被尊重或考虑。

你在第一次推车带孩子出门后，就发现这个城市其实路面崎岖，人行道停满的汽车让你的婴儿车难以通过，人行道上高低起伏的阶梯、上下人行道没有可以推车的坡道让你只能徒手搬运，你锻炼好了自己的臂力，但还是不理解这个城市的空间设计，到底有没有考虑过带孩子出门的母亲。

这种经验也让你能够想象残疾人的生活，可以想象他们的轮椅有多少地方难以通过，照顾老人、推着轮椅出门的人又是多么辛苦，你们的行动范围，都被这个不友善的城市缩限了。

除了这些生活细节以外，你还发现这个城市太少公园绿地。你的孩子一岁后开始到处探索，可是只要出门，几乎都是讲求安宁的封闭空间，像餐厅、百货、书店，大众运输工具，比方说公交车、火车、地铁，自制力还不够好的孩子，在这个阶段还不懂得压低音量、情绪容易兴奋，这让你时不时遭受旁人的白眼。

要如何阻止孩子吵闹也是一门学问，你对着孩子再三叮咛“小声一点哦”，就会有路人说“你只是说说根本就没有用”，还有人建议你应该一巴掌下去，但你也知道假设你真的这么做了，不只伤了孩子的心，也会被人偷拍分享到网络，说他在地铁里遇见了“此等悍母”。

你身为母亲，开始了跟孩子的顽强角力。迈入两岁的第一次叛逆期后，昨天还乖乖的孩子，好像一个晚上就长大变成了头顶尖角的恶魔，但没有照顾过孩子或早已忘怀这个阶段的人，看着你的表情只有不屑和怀疑。

——一定是在家太宠了，小孩才会在地上打滚。

——到底有没有在教啊，管不好就不要带出来！

你常常在路人的“指导”下抱着孩子狼狈地逃出车厢、餐厅或咖啡厅，孩子在你身上拼命扭动尖叫，他还没有学会比较文明的沟通方式，还没有学会压抑自己的情绪，你想以身作则地好好教他，但挫败感和成为众矢之的的羞耻，让你好几次觉得想哭。

前阵子你看了家庭咨询师史提夫·毕度夫的著作《教出好儿

子》*，书里提到男孩因为睾固酮的分泌，所以比女孩活泼好动，也比较坐不住、控制不了情绪。你突然有种被理解的感动，因为这终于证明了你的孩子很皮不代表你是个坏母亲，但你也不可能在出门时，拿张便利贴在他额头上贴着“我妈有在教，我不是坏小孩”。你希望能把孩子教好，也希望在他学会之前，出门能够少一点误解和责难。

脸书上常有人抱怨，说隔壁桌失控的孩子破坏了他们悠闲的下午，而你总是不知道怎么开口，觉得恐怕怎么说都会被认为是教不好的托词。也有人会引用国外的例子，说欧洲的孩子都可以乖乖地陪伴父母上咖啡厅、音乐会、图书馆，而你总不禁要想，那些城市的绿地比例有多少？提供给孩子的户外活动有多少？他们的房子是不是都有后院，一走出去，能够允许孩子大声而不是噤声的空间是不是更多？

很多时候不是国外的父母比较会教，而是环境造成的差异，当一个城市里要求安静的空间比较多，人们就会时常觉得孩子是

---

* 史提夫·毕度夫（Steve Biddulph）为澳大利亚著名的家庭咨询师、亲子关系作家。《教出好儿子》一书佐以荷尔蒙研究、大脑摄影等科学数据，搭配真实案例，让父母了解男孩特质和教养重点。中文版二〇一一年由野人文化出版。

喧闹的。在芬兰教育孩子的亲子作家涂翠珊*就说，在芬兰，她所住的小镇人口不到四万、面积只有三十八平方公里，但是有五十座儿童游乐公园，还有时不时为孩子举行的免费户外活动，孩子自由探索时的欢笑声，和这些充满绿意的开放空间显得那么相称，相信不会让人觉得“干扰安宁”。

成为母亲之后啊，你重新审视了这个城市的美好与不足，开始有好多意见，你忍不住想大声疾呼，既然每个人都曾是孩子，也都有可能成为孩子的父亲母亲，请一点一点、小小地做出修正吧，你多么希望有一天，这个城市里孩童的欢笑无处不在，他们能唤起成人的赤子之心，想起自己也有过那样无拘无束、自由奔放的童年。

---

* 涂翠珊，笔名北欧四季，曾任职芬兰教育文化组织，现为自由撰稿人，常为媒体撰写芬兰创意、人文、生活。成为妈妈之后，记录在芬兰的育儿生活，著有《教养可以这么自然！》，二〇一五年由自由之丘出版。

Chapter 3

你的过去、未来和现在

1

母亲的生活

其他人的世界日升日落，而你只在孩子的轨道上，日夜不息地运行。

你好想让别人知道啊！

知道你在这里，过了怎么样的一天，时间是怎么带着你，让你晕头转向地老去。

其他人，都活在别人的眼里，得到赞美、谴责、或鼓励。

但你独自忙碌，安安静静地美丽、凋零。

你的世界好像是孩子的影子，而其他人对此没有兴趣。

你像一朵花幻想能发出声音，有些不甘心没人知道你在这里。

还不懂得说话只会唤着妈妈的孩子啊！

看着你仿佛看着一颗星星。

其他人的世界日升日落，而你只在孩子的轨道上，日夜不息地运行。

你不该感到自己渺小，孩子伸长了手把你抱紧，你们是一个小小的宇宙，不在他处。

更不需要别人的眼睛。

之一 ●独处

和孩子在一起的时候，有时候会觉得这世界上只剩下我们两个，你看着我，我看着你。

那种感觉和恋爱时百看不腻的情况很像，只是彼此看着就会露出微笑，孩子小小的手、胖胖的脸颊，在每个不同阶段有不同的可爱，只是看着就让人觉得心情幸福、平静。

但就在这种幸福平静中有时会觉得孤单，尤其是一天的忙碌下来，丈夫回来的时候，总是很想跟他说些什么，像是孩子竟然只睡一下下就醒来哭了，抱着走路好久都不肯下来，吃饭时又弄得满地都是，把他的水杯摔破了……

话说出口才发现都是些鸡毛蒜皮的小事，全职妈妈的生活就是由这些小事构成的，没有业绩、年度目标，没有主管给的评价或同事间的钩心斗角，当然也没有人同仇敌忾。

好像没有人能够说出“做得好（或不好）”的日子，竟然也会让人觉得有些被评价的需要，很希望有人知道自己在这里多么忙碌辛苦，孩子多么磨人，身为母亲的我，却是怎么努力地对孩子露出微笑。

像在邀功？是吗？但又觉得什么都不需要，并不是因为辛苦而想要换得什么，只是想要人知道，孩子不是像一棵花草那样自顾自地就长大了，而是有一个我在他身边，小心翼翼地、尽心尽力地呵护着。

只是想要被知道而已，想要有人知道我的存在，哪怕并不被认为重要。这个社会其实有许多人认为母亲是不重要的、可以被取代的角色，只是我感觉到外在的世界日升日落，而在我跟孩子的这个小宇宙里，我的存在极为重要，却悄无人知。

在人群中工作的人会有那种感觉吗？我回想自己过去工作的

日子，那时也觉得自己是公司的一颗小螺丝钉，除了承受组织彼此牵制、拉扯的压力以外，也仿佛是不重要的。

唯一可以消除这种感觉的就是同事间的交谈，一起吃饭聊天，彼此知道对方的一些事情，哪怕立场不会全部相同，在同一个组织里共事、互相认识，就有种同伴的错觉。

但全职妈妈的生活好像少了些问候，大家只关心孩子吃得好不好、长多高、体重多重了，很少人会想到要问，在孩子身边的妈妈，是不是累了、会不会觉得没有成就感。

孩子的成长就是由这些琐碎的事务构成的，在处理这些事情时，我总会矛盾地觉得自己是重要的，也是不重要的。

在这个名为家庭的组织里，和孩子在一起的全职妈妈就像一个隐形的部门，那么理所当然，却没人看见。

我被这无人知晓的感觉困惑了好一阵子，在和丈夫报告一天行程后又感到空虚，几经思索才明白，我期待的并不是自己主动报告，而是对方的主动探询。

你过得好吗？孩子今天乖吗？累不累？我在心里幻想着他这样询问。而我，在被关心的温暖中，却感觉到自己想说话的冲动少了。

可能这也是一个男人不了解女人的地方，怕女人多话于是不敢多问，对女人的世界不感兴趣所以简短回答，殊不知，女人之所以想要多话，就是出于这无人回应的感受。

用关心填补起家人之间默默相对的空白吧，我这么渴望着。

之二 ●不是独处

和孩子在一起的时光，和其他人想象的是不一样的。

有时安安静静，只有孩子的声音；有时众声喧哗，让人想捂住耳朵都不行。

不只是带孩子出门时会有无数的婆妈盯着你是如何带的，从孩子穿什么到怎么跟孩子说话，路人都有一套方法论有待发表，就连我在家独自照顾孩子时，也很难摆脱自己听见和看见的。

一般人常说的信息爆炸，大概很少有人想过这跟母亲会有什么关系，但实际上在高度仰赖网络和社交媒体的时代，每个母亲都是被信息轰炸的。

打开社群软件，可以看到无数篇给孩子吃什么、玩什么、怎么对孩子说话的文章，从一般人自己的经验分享到专家学者的文章都有，密集出现的程度，大概一天至少会有十几篇主动出现。

略过不看并不是件容易的事，媒体为了抓住视听者一瞬间的停留，标题越来越耸人听闻。

——好妈妈必看！

——补充这些营养，不怕孩子长不高！

——绝对不要跟孩子说的五句话！

——过敏季节又来了，怎么预防孩子过敏体质？

——孩子高烧怎么办？滥用退烧药的不良后果！

诸如此类，光看标题和语气，就能让为人父母者人心惶惶，好像有太多事情不知道就是失职的父母亲，尤其和孩子的健康有关的，更让人觉得一个好妈妈不可不知。

有问题时能够轻易找到信息，是这个网络时代的福音，但福音的另一面则是信息爆炸和专业化造成的压力。我在怀孕时买了两本书并加入了讨论母职的论坛，没多久，我已经开始怀疑有“母性本能”这件事情，我不再能够相信自己，不认为自己可以凭直觉和母爱给孩子适合的一切，而开始相信，我必须要依赖这些每天十到二十篇的网络文章的通知、书局里陈列了满满两书柜的亲子教养书，我必须把这些信息都消化成为自己的知识，才有可能成为一个“好母亲”。

这是比考研究所还要困难的事情，因为考研究所不过是把自己的专业读完，很多经典历久不衰，但亲子教养书、照顾孩子的营养学、脑神经科学和认知发展理论不断有新的研究发现，当中更有许多说法会不断推翻前者，可以说，就算一个母亲发愤要把这些读完，也是永远读不完的。

不相信这些文章对母亲的影响吗?

看一下标题就知道了。

不要对孩子说的五句话。

——完了我才刚说。

补充这些营养，不怕孩子长不高。

——糟了，这里面的食材我家孩子都一口也不吃。

过敏季节又来了，怎么预防孩子的过敏体质?

——孩子一直在打喷嚏，难道真的是过敏?

好妈妈必看!

——不看就是坏妈妈了。

每个标题都很容易引起父母的焦虑，而吸引父母点进文章，增加点击率和广告收入，并且购买其推荐的对孩子好的玩具、教材、防尘用的空气净化器，其实这就是这些文章的商业效益。我并不否认这些文章的正面效果，但商业目的是真实存在的。还有这些文章，让人越来越难觉得自己是好父母，这种感觉也是真实的。

长辈常问我为什么带孩子那么累，她们以前都没有这种感觉，觉得孩子理所当然就长大了。我想这就是信息爆炸的影响。过去的父母只要把孩子衣食住行照顾好，而相处时可以依靠直觉或家族传统，可以说各家有各家的一套育儿风格，但现代的母亲除了陪伴孩子，还要不断吸收新知识，被心里那种“不知道这些是不行的！”的感觉催促着去读读不完的书，就像一边跑步还要一边考试，跑道没有尽头，一张“好妈妈”的合格证书也是永远考不到的。

一个人在家带孩子时，像有好多人在看着我，让我突然想到把孩子放在旁边自己做事是不对的，我应该要陪他念故事书，专家说一天至少要念一小时，抑扬顿挫和带动唱都是必要的。煮饭不是我们吃什么他就吃什么，专家说，这阶段的孩子一天要吃多少的淀粉和蛋白质，每周要吃两次手掌大的鱼，否则会欠缺DHA，用心煮完了孩子不吃，专家说，要充满耐心和爱心地引导他……

全职母亲的生活像是跟孩子独处，又像跟一大票的专家、达人生活在一起。现实中会碰到的路人、亲戚、朋友，他们都有一套育儿理论要发表的情况已经很多了，更别说这些只存在网络上的人，给的压力却是一点也不小。

我花了好一段时间消化这些信息，常常发现它们有显而易见的矛盾，其中最明显的是你必须努力才能做好一个母亲，几乎所有和孩子的应对都不能依赖直觉，但另一派的说法也言之成理：你绝对不能做一个太过努力、追求完美而斤斤计较的母亲，那对孩子是非常不好的。

总之，你必须完美，但又完美得浑然天成，就连一点小瑕疵也出现得那么自然，让你跟孩子的关系、你对他的教养做得更好了。

休斯顿大学社工研究院教授布莱尼·布朗在她的《我已经够好了》中是这么说的："我们都想达到完美，但又不想表现出煞费苦心的样子。"但就是这种毫不费力就做得很好的想象，让人更加挫折。*

信息爆炸时代，被广告、知识轰炸的母亲，生活就像被好多人的眼睛盯着，总是不经意就失去自己做决定的自信，时不时就拿起手机上网，查询一下发生这种情况时，专家有什么建议。

---

* 布莱尼·布朗（Brene Brown）《我已经够好了》中译本于二〇一四年由马可孛罗出版。书中无数感动人心的真实故事和四大克服自卑的心灵练习，能帮助人检视自己内心的挣扎，学习如何活出最真实、最好的自我。布莱尼·布朗的相关演讲为TED演讲全球点阅率前五名，超过千万人次观看。

在经历过一段时间的自我怀疑之后，我放下教养书籍、退出育儿论坛，努力地只看着孩子看我的眼睛。

和我时刻产生的自我怀疑相比，孩子在想到妈妈时从来不会望向别处，对于我给的爱，他比我更没有怀疑。

身为母亲，我是独一无二的啊！

2

回顾

我的出生，改变了母亲的人生，正如现在，孩子也改变了我的世界。

成为母亲的人，总是会回头检视自己跟母亲的关系，这种检视也有可能在怀孕前就开始了。有的人会因为母女关系不睦，而对自己是否能胜任母亲失去信心，也有人相反，因为明确知道自己的母女关系不尽理想，而更想做一个不同的母亲。

无论是哪一种，甚至也无论男女，在为人父母之前和之后，时常思考、检视、回顾自己过往和父母的关系，总是对自己扮演父母的角色有所帮助。

只是女人和男人有着根本的差异，就是男人可以不去思考这件事情，而任由亲子关系在童年后就定型不再改变。但女人，因为有着怀孕生产的体验，这个全新的体验总是会推动着她，让她再一次思索、改变自己原有的亲子关系。

我在成为母亲的过程中，才发现无论自己愿意或不愿意，我的出生，都改变了母亲的人生，正如现在，孩子也改变了我的世界。

在加入了“母亲”这个群体之后，我意识到，每个母亲所经历的身体痛苦，还有即使亲如枕边人也无法分享的生产和哺乳的体验，为人妻子、母亲、媳妇和女儿的多重角色，让很多母亲在心里压抑着委屈，哪怕她们深爱自己的孩子。

在成为母亲之前，我看待这些事情时，就和多数人一样，觉得成为母亲的女人是不该有怨的，因为她是自己选择生下孩子的，应该要为自己的选择负责。同时，我也觉得母亲都应该要有母爱，而母爱的威力无比强大，应该能帮助女人克服所有的困难。

但直到我成为母亲之后，才发现那并不是很正确的想法（却是主流的意见），成为母亲固然会让一个女人转变，但那种转变并不是让她从人变成神，并不是所有事情，都能因为拥有母爱而可以被愉快地接纳。

一个长得不像自己的孩子、一个让母亲在夫家受到委屈的孩子、一个在母亲经济压力很大时诞生的孩子、一个很难照顾的孩子等，太多的情况挑战着一个母亲的爱心与耐心。任何一个母亲，包括我自己，都是在成为母亲后才发现事情比想象中难，人际关系变得比预期的还复杂，压力也超乎想象的大。总之，人们总幻想“为母则强”能像一句咒语一样让母亲解决所有问题，而这种想法是不切实际的。

一个母亲能否坚强起来解决问题，同时用微笑和宽容拥抱她的孩子，接受这个孩子对她人生带来的种种转变，不是一句“有没有母爱”就能够决定的。除了母爱以外，还仰赖她个人的心智成熟度、情绪智商、内省智能，还有她当时拥有的各种支援，包括物质与非物质的。

并不是每个母亲都是在心智非常成熟、各方面条件也非常完备的情况下成为母亲的，多数人都只是肉体成熟而不是心理成熟。心理成熟需要终生的努力，一个不够成熟的女人，不会因为变成母亲而突然变得成熟，而我们每个人，也都不能说自己是足够成熟的。

换言之，就是我们都在学，世间所有的母亲，都在学习如何付出爱，让爱成为孩子飞翔的翅膀，而不是枷锁。

很多人说成为母亲才是一个女人完整的生命体验，我不认同这句话，因为每个人都有自己的人生课题要面对。一个女人，不管她是不是一个母亲，都会被人的生老病死、七情六欲等现实逼着成熟，而不能成熟的人总是要自己尝受苦果。但成为母亲确实是一次人生的重大转变，其中重要的是让女人有机会重新回顾自己和母亲的关系，摆脱对母爱的种种幻想而把母亲看成另外一个人，能够对这个人有新的认识。而换个角度来说，当一个人认识到自己是如何诞生、认识到养育自己的人是什么样的人时，她对自己也会有新的理解和发现，并或许能从中找到让自己更好的力量。

对我自己来说，当我成为母亲并发现母爱不是万能的时，我觉得自己是真的长大了，尽管这样的感受有些孤独，因为我们总是会想象，这世上有一份无坚不摧、永不熄灭的爱火，而不愿承认这样的爱也需要其他条件的配合。但在这样的孤独中，我也感觉自己是真的成熟了，我身为母亲的孩子感谢她为我的付出，期许着自己不再牵绊父母的人生选择。换言之，从我下决心要为孩子努力做好母亲的同时，我就跳脱了仰赖父母的孩子角色，我的父亲、母亲也终于从照顾者的角色中卸任，重获他们人生的自由。

3

关于家庭

对于脚下的阴影，无须谅解，只管大步向前。

愿我们都成为更懂爱的母亲。

楔子

自从脸书将人的生活剪辑成一页一页，不难发现，人（或者说他人）的生活是如此美好：有困难处境却仍然彼此承诺的恋人、在午后共饮一杯咖啡的老年夫妻、牵手出国旅游的亲子、结婚数年后仍然记得庆祝结婚纪念日的人生伴侣。

关于家庭的开始、过程与最终的结束，随手翻阅尽是美好的幸福表面，却只有身处其中的人懂得背后的挣扎。久之，也练就了看出别人背后辛苦的眼力。

彼此承诺、频频放闪的恋人，可能有着不得不向彼此投奔的理由；一起度过午后时光、静静地分享一杯咖啡的老年夫妻，可能一转身面对别人就牢骚满腹；结婚数年，纪念日仍会准备烛光晚餐的伴侣，可能会为了“年假要回你家还是我家”而吵到杯盘齐飞；牵手出国旅游、像是超级好朋友的亲子，可能有过好多年冷战不跟对方说话的时光了。

我一向自诩真诚，在文字上，每一段话都有我的经历和思索，但唯有在触及自己家庭时，真诚变得困难。我在日记里可以畅所欲言，在公开与他人分享的记录里，则为了不触动某些伤心处而必须字字斟酌。

假设每一个写作的人都很单纯，幸福的人书写幸福，痛苦的人书写痛苦，那么文字将不可能打动人心。因为只有当痛苦且曾经痛苦过的人书写幸福时，那样的幸福才是多数人能懂的。

写作的人，如果她的文字曾让很多人哭，她必定流过很多眼泪。那跟她表现出的释然不相违背，因为只有心里曾经难过过、并且把这样的难过当成了思考的养分，苦味才有可能渐淡，转化为一种若有似无的、无法称之为甜味的感触。

我，很难书写我的家庭。

旅行

那天我突然想起一件事，想到我在剖腹产生下孩子的时候，那手术房里雪白到近乎刺眼的光，还有在强光下仅着手术服被搬上产台的，尽管没有亲眼看见，也知道身体被摊开的我。

我依稀记得手脚一开始是自由的，然后她们让我侧过身去，我不自觉地伸长手，紧张地让麻醉师从背后为我注射药剂，接着我被翻回来，双手似乎就被打开固定了。

消毒毛巾被放在我的胸部上，一块小小的布幔遮住了我往下看的视线，我的身体不属于我而属于这个医疗小组，属于某一个指派我将孩子带到世上的力量，属于这间手术房里刺眼到像是另一个世界的光，而不属于我自己。

我察觉到了自己的脆弱，在没有人知道生产是否会顺利、这个孩子还有我共同走过一条道路而能否平安抵达时，我喃喃念着我在孕期时常抄写的一部佛经，然后分心去听医生护士们正在讲些什么。

大多都是跟生产无关的事情，讲着手术时间为何延后，偶尔医生会说你这个手势不应该这样，于是我就像突然被提醒了般，意识到这里是教学医院，我的身体，是另一个生命的教室。

在思绪纷杂时，我并没有想起我的母亲，却在我成为母亲一年多后，突然想了起来。

我曾经和孩子走过的这条道路，闪着刺眼的白光、身体因为被麻醉像是块僵硬的木头、时不时忍受着仿佛内脏被推挤般的呕吐感，只剩下思绪还在空中飘摇的这段奇异旅程，在三十多年前，我和母亲曾经一起走过。

只是当时，她在产台上，而被医生抱出来的小生命，是我。

养儿方知父母恩是一回事，我们曾经一起度过的这段时间，曾经流产过两次、生下哥哥时又产程迟滞而饱受折磨的母亲，她生我时，是否也在惴惴不安着?

她是不是曾觉得白光刺眼，也曾意外地发现剖腹产其实会强烈地想吐，当医生把我倒过来拍打直到我大哭出声时，她是否感到了强烈的轻松，觉得悬了九个月的心从此落了地?

懂事后，我和母亲有过非常多难以忘怀的冲突，我把刺藏在心里，偶尔写在脸上，我的母亲则把它化作了明显的言语和表情。

我记得那些刺伤我的言行、让我无比孤独的时刻，也记得曾经如此矛盾地感觉到，如果我不爱我的母亲，就不可能如此地感觉到痛了。

——每个女儿都对母亲怀着依恋，那份依恋让她们无法忍受被母亲否定和拒绝，她们不像儿子会激烈地想要活出自我，比起和母亲分离而证明自己是男子汉，她们更想被母亲喜爱。

——为此，她们会努力去证明自己是母亲的女儿，然而越是想要证明，就越是强调了某些不可磨灭的差异。

我是A型血，像父亲，而我的父母，在他们变成能在午后共饮一杯咖啡的老年夫妻之前，有很长一段时间，夫妻感情就像海上漂浮的冰山，你永远不知道海平面下有着什么。

有次我回娘家，看见冰箱上贴着的全家福，惊讶地发现我的眼睛形状跟母亲的如此相像，三十年多来，我从未听她说过一次我像她。

我只是反复地听她说我有多像父亲，甚至走在路上听见别人说“你们母女好像”时，她都会急忙地否认“哪有，那是因为你没看过她爸爸”。而我这三十年来只听过她再三说着父亲的缺点，哪怕这世上所有优缺点都是一体两面的。

我和母亲的距离，在同住一个屋檐下的时候，尽管讲了很多的话（都是些关于别人的闲谈），却还是像隔着一片海洋般遥远。

但当我想起我在产台上，听着孩子哇哇啼哭的心情时，我想象着在三十多年前，母亲也是这样生下我的。

我突然想起小时候，母亲曾经说起，当时她剖腹产生下我，人还在产台上，医生看着手上的小小婴儿，曾经这样说：“哎哟，不要再哭啦，长这么漂亮，以后要选中国小姐喔！”

心急地想知道女儿情况的母亲，听见医生这么说时，是不是也放松地笑了？

那是我们母女的第一次旅行，无比亲密。

母女

母亲对女儿的爱为什么有点难，我想过几次，不，是很多次，多到我再也数不清了。

我曾经以为那是一些表面上的理由——因为我不够好。这种想法纠缠着我直到成年，一直到我每次出门和新人见面，总是轻易怀疑对方“不会喜欢我”时，都还能感觉到这种想法阴魂不散。

母亲总是会对我的朋友表现出相当的热情，有时也不掩饰地感谢对方对她女儿的包容，好像我在她眼里就是缺点满布，随时可能说错话、做错事、做错表情，所以需要感谢他人的接纳。

有段时间我又认为还有别的理由——因为我像父亲。这样的理由也相当合理，我想象在夫妻关系里，热恋期早就已经结束，看见对方的“真面目”而觉得无法喜爱的时候，看到一个仿佛对方复制的小人儿，就算是从自己肚子里出来的，可能也会感到难以真心接受。

父亲拘谨而不善交际、母亲热情外向而乐于亲近他人，我总觉得母亲那样才是好的，但在她温暖他人时，她的光芒像太阳那样刺伤了我。

我总觉得我和她一对照，显得渺小而阴沉，在我心里，我想太多，而且别扭又神经质。在我的学生时代，每个阶段都有很好的朋友，她们不吝于给予我肯定，说我很温暖贴心，而我总怀疑：她们说的真的是我?

我多么希望母亲能认识她们眼中的我，而不是她眼中的我。尽管有时她也会说我是她真心疼爱的女儿，但她称赞别人的女儿比称赞我多太多，我仍然可以察觉到她对我的失望，那让我也对自己失望了。

对照起来，父女关系显得容易一些。当父母的夫妻关系紧张时，我是父亲唯一可以说话的朋友，而我其实在努力做双方的朋友。在他们争吵然后父亲上班、母亲待在家里的时候，我会努力去跟母亲说话、努力表达我很担心所以“你还是要吃饭”，而在父亲深夜睡不着，选择一瓶酒喝到清晨时，我会走出房间到客厅陪伴他。

——在紧张的婚姻关系中，孩子总觉得自己有责任要做些什么，哪怕父母从来不曾记得。

——在觉得父母亲都很可怜的时候，孩子就忘记了自己也很可怜，她会努力地想做些什么让争吵中的夫妻转移注意力，并觉得父母不快乐，身为孩子的自己一定有错。

思考到一定程度（也就是思考了十几年）后，我突然觉得各种理由都不如我最后发觉的理由强烈——父亲对女儿的爱为什么较为容易，母亲对女儿则不然?

因为父亲看女儿，将她视为另一个人，而母亲则将女儿视为另一个自己。

懂得理解、倾听、包容和喜爱自己，而不是急着否定和努力想要修正自己的女人，真的太少太少了。

我并不是因为不像母亲而不受喜爱，我不受喜爱是因为我不够理想。

我不是母亲心里那个理想的自己，她挣脱了很多束缚，好不容易才按照自己的想法养育了一个女儿，让我学她小时候没办法学的钢琴、芭蕾、英语，接受比她更高的教育，我却没有长成她理想中的样子，那个她想象中摆脱了重男轻女的传统家庭后，终于能够自由飞翔的自己。我让她对自己感到失望，所以她对我也失望了。

女人的历史盘根错节，我是母亲的女儿，母亲又是另一个母亲的女儿，世世代代，女人对自己的不满传承了下来，好几个女儿因此承担了母亲好不容易挣脱却似乎无法改写命运的愤慨。

因为这样，我曾经强烈期待却又害怕过我会生一个女儿，我知道有女儿的好，也想象着跟我的女儿无比亲密，但我也怕，怕我会不懂如何爱一个女儿，怕这一切会被重复。在原生家庭的影响下，我们究竟还是不是自由的灵魂?

在长久的思索，还有翻一次流泪一次的日记中，我突然有所领悟，假设一个母亲，在她还是小女孩时曾经不被母亲所爱，那么长大后她要好好地爱自己的女儿，就必须先懂得自己。

她必须先懂得自己是如何度过那段不被爱的经历的、探索自己的感受、肯定自己那样生存过，并相信自己值得被爱。

如此，她对女儿的爱才会自然而然，像阳光、空气和水一般。

写给我的母亲和我自己，我们心里都有一个不被爱的女孩。

出发

列夫·托尔斯泰说，幸福的家庭大致相似，而不幸的家庭则各有各的不幸。

而我觉得，每一个家庭都有其幸与不幸，有些人一辈子走不出原生家庭的阴影，有些人让你看不出阴影然而阴影仍旧存在。原生家庭就像我们站着时脚底下踩着的影子，你走到哪里，都切不断、分不开。

但我们仍然可以往前。

迈开大步向前走，像脚下没有犹豫，肩上没有重担。

写完“写给自己的信——‘成为母亲之后’”，很多网友表示她们在文字中看见了对母亲的理解，但是有一个网友留言说，她在成为母亲后，更不能谅解自己的母亲了。

因为一直把那段留言放在心上，所以尽管我很逃避书写自己的家庭，我还是努力想分享我的心情。

其实无论是写作的当时或现在，我都没有想过“谅解”这个词，因为谅解总是暗示原谅，而我总觉得，我们每一个人都没有办法经历别人的经历。既然不能确知“换作是自己一定会做得更好”，就很难说“我原谅你”。

我并没有谅解，只是察觉。在我成为母亲之后，我想起那些不美好的事情时的感觉，已经有些不一样了。

我想起和母亲有过一段生命之旅，一起走过生与死的幽谷，也想起某次家庭的风暴后，年轻的母亲带着年幼的我，压抑着自己的情绪，为我买了迪士尼的录像带。

我想起一些美好的事情，它们和不美好的事情同样深刻。好与坏交织成了我们人生的片段，换个角度就可能看见不同的整体。

除了回忆起许多事情以外，我的改变，还来自我跟父母产生了距离。

有些人觉得在成为母亲后会跟自己的母亲格外亲近，我也觉得如此，但对我来说，这种亲近是基于一种崭新的距离。以前我觉得母亲是我的母亲，现在我觉得她也是另一个人，她有她自己的生活，有自己的想法和偏见，正如同我也有我的一样。

在我心里似乎浮现了这样的宣言：你是你孩子的母亲，我是我孩子的母亲，我们对彼此的育儿方式不翻旧账，对彼此的生活和想法，也努力地不予置评。

我在成为母亲之后找到了与父母之间的界线，也找到了过去和现在的分界线，让很多不美好的感觉成为我思考和写作的养分。在这个过程中，这些事情渐渐不再是我哭泣的理由。

脚下的阴影指引了我光源在哪里，我尝试从家族史的角度理解父亲母亲。不住在同一个屋檐下，在独自育儿的生活里，我对他们的思考却比以前更多，我追溯一些他们以前告诉过我的事情，一些成长故事，然后有了这样的领悟："仔细想想，也难怪他（她）会是这样的人。"

然后我整理过去我们一起发生的事情，开始感觉很多事情都有理由，但那理由不一定是因为"不爱"，而有可能是力有未逮。每个人都有注意力和能力的极限，当婚姻、事业、健康等各方面出现问题时，关怀每个家人就变得困难了。

以前觉得那么难过的事情，那些话语或行为，现在想想，不过就是两个性格对比强烈的夫妻，来自两个婚姻关系恶劣的家庭，他们婚后努力让自己的家庭平稳但也遭遇了许多困难，而我身在其中而已。

我自己看这段文字都觉得惊讶，可能是我成为母亲之后自己全职育儿、和先生相处、生活的缘故，我专心于现在，不知不觉中对于过去的事情，竟然能像新闻记者一样旁观侧记了。

我还是看得见当时的自己，那个躲在房间里哭的小孩，反复地写着她对这一切有什么感觉。在无助中，她曾经写下：没有任何人可以帮你。

但三十年后我找到了那个人，那个人就是我自己。

成为母亲的经历让我发现自己有了力量，突然觉得自己长大成人了。成人后再回头看童年的创伤，那感觉完全不同了。

就像这几天，我偶然看到了保罗·奥斯特在《日落公园》*

---

* 保罗·奥斯特（Paul Auster），一九四七年生于美国新泽西州，小说家、诗人、翻译家和电影编剧。作品常探讨人生的无常与无限，笔下的主角也常思考自我存在的意义、寻找自己的人生位置。《日落公园》中译本于二〇一一年由天下文化出版，描述了四个“某些地方受了伤”的年轻人，非法入住日落公园旁的废弃公寓，寄情于物以及与各自伴侣的故事。

里的一句话：“伤，是生命非常重要的一环，人除非受过某种创伤，否则无法长大成人。”我对这句话在这个时刻出现在我面前，有着难以言喻的感谢。

曾经有过的生活、多愁善感的少女时代、有些愤世嫉俗，深受父母影响而想逃避亲密关系、虚张声势、其实总是轻易否定自己的我，那是我。

现在的我仍然多愁善感但不轻易悲伤，在陪伴着心里那个受伤而且愤怒的自己时，我也找到了那个想往前走、想相信什么、想努力经营亲密关系的自己。

说着我又想起那个网友的留言了，毕竟是因为她，我才有了分享这几篇“关于家庭”的勇气和动力。我只是想说，如果无法谅解自己的父母，就谅解这样的自己，找到与自己自在相处的方式，养成爱自己的习惯，这样一来，即便是亲子关系有缺口，我们还是能弥补自己的人生。

对于脚下的阴影，无须谅解，只管大步向前。

愿我们都成为更懂爱的母亲。

4

叹息

一个职业妇女永远也找不到顾全大局的完美对策，只能在总有缺憾的方案中择一。

一直没有人知道，在成为母亲后，你就开始了和恐惧对抗的日子。

不只是恐惧无法照顾好孩子，你也对自己的未来感到不安。朋友们只看见脸书上你的全家福和乐融融，怎么知道在夜深人静的时候，你想起一些未决的事情，会突然感到恐惧爬上心头，像有蚂蚁在咬你?

忘记了是在哪本书上看到的这句话："孩子在小的时候虽然会希望母亲天天在家陪他们，但长大后却会为拿着名片工作的母亲感到骄傲。"而你误打误撞或者说顺势而为地成了全职母亲。在孩子三岁上幼儿园后，到时，职场是否还敞开大门欢迎你?

你已经知道很多事情不是事在人为，在台湾的就业环境里，一个不能随时加班、不能自由出差的劳工会被认为是次级品，也正因为如此，许多人在决定怀孕之前，最重要的事情是在职场上保障自己的位置，生产后、请完产假再回去。

但世事难料，就连拥有工作的女性都可能因为怀孕而被公司刁难、升迁受阻，你在担任全职妈妈这段期间等于是无业（哪怕你感觉比上班时还忙），几乎可以想象在面试时，面试官会用什么样的眼光看你。

你平日可以加班吗？可不可以出差？周末去支援其他部门可以吗?

你的孩子还小，总会有生病、幼儿园因为肠病毒停课而需要有人照顾的时候，到时有没有人可以代替你做这些事情，让你专心上班。

——公立幼儿园必须要四点半去接小孩，私立的也只能让你把小孩放到七点，长辈年事已高没有办法代替你处理突发状况，你如果周末工作，老公也忙，小孩就等于是没人照顾了……

想象中的你已经低下头去，默默地等着对方皱眉的表情，但过来人的经验告诉你，很多时候连这想象中的面试都不可得，公司在收到求职信时就已经先上网调查，很容易知道你已婚、已为人母，让你一开始就不在面试名单里。

而就算拥有一份稳定的工作，产后重返职场的妈妈也一样会面临困境。你那些单身未婚的女性朋友也向你坦承，就算同为女性，也会觉得成为人母的女同事很让人困扰。这些母亲时常因为孩子的突发状况而请假、在大家都“任劳任怨”地加班时准时回家去。在团队工作中一个人的早退就等于是其他人的负担，所以不管再怎么说，心里那种不平衡感就是过不去。

你不知道怎么回应，毕竟你曾是劳工，也讨厌薪水没有增加却要负担额外工作，但你现在也是人母了，当孩子突然生病或者是幼儿园突然停课时，没有别人可以帮忙的母亲，到最后，还是只能硬着头皮请假或准时下班，赶到孩子的身边。

你只能和你的女性朋友说，如果她有计划成为母亲，那将来她一定会懂的。在台湾社会，加班是常态、过劳是常有，却又普遍认为母亲就是要一肩扛起照顾孩子的主要责任。一个职业妇女永远也找不到顾全大局的完美对策，只能在总有缺憾的方案中择一。

母亲如果不选择以年幼的孩子为优先，会受到很大的谴责，来自社会、丈夫、公婆，也来自她心里对孩子的愧疚。

以孩子为优先是错的吗？相信没有人会说是错的，但自己的加班工作量做不完，转嫁到其他同事身上呢？在公司里这显然是错的。

这是一个让职业妇女别无选择只能犯错的社会，一个一心一意要剥夺劳工的家庭时间，只求劳工全心全意为公司奉献，最好所有劳工都是永久单身未婚无小孩的劳动制度。在这个大多数人共有的困境中，职业妇女的为难，往往只是一句“蜡烛两头烧”就被轻轻带过，尽管，从女性开始普遍拥有工作权后，这蜡烛已经烧了几十年。

最新一个解决方案是“立法”委员提出的，要求让小学生也留校到七点，好让家长“更方便”在加班后接小孩。显然这也让公司“更方便”要求员工加班、让孩子失去了更多家庭教育和亲子时光，你不能不叹息整个劳动环境的荒谬。

与延长留校时间同时成为主流的，是心理发展学家以及教育界的呼吁：“孩子们应该有充分时间和父母相处，从中获得安全感，发展稳定的家庭关系。”在这显而易见的矛盾下，你成为全职妈妈顾到了亲子相处的时间，却仿佛再也走不回这个不友善的职场了。

想到未来，当孩子不再时时刻刻需要你，却仍然需要一个以家庭为优先的主要照顾者时，你可能要选择一个不那么符合个人志趣，却勉强能兼顾工作和家庭的职业。又想到人们说的“要有所取舍”，往往指的是母亲首先要顾全家庭，其次是工作，最后才能争取以至于经常要舍弃的，是原本单身时怀抱的理想，你对未来的不安，再也忍不住化作一声轻轻的叹息。

5

母亲的剩余

母亲几乎不可能“无后顾之忧”地做自己想做的事，因为她就是那个负责后顾之忧的人。

我们这个社会曾经用职业来界定一个人，在职业与个人性格息息相关的时代，某一种职业的人几乎就是那个职业的样子。

但现在每个人的职业都越来越多元，上班时是店员，下班时做网购、写博客，周末摄影，我们发现人的特质不是全部由工作来决定，现在这个社会，可以说人在工作“以外”的剩余时间，才是这个人真正的样子。

有许多面貌的女性也是一样的，下班后会做同样事情的女人是一个团体，做另外一件事情的女人又是另外一群，在扣除了工作、为人子女、媳妇、妻子的种种角色之后，留下来的那段空白时间，才是女人真正的自己。

因为不管是工作或者人际关系，每个角色多少都有一定的规范，尽管每个人拿到同样的剧本会有不同的诠释方式，但被剧本所决定的生活并不属于自己。

严格来说，是在空白的、不属于任何一个角色的剩余时间里，一个人会做些什么、想些什么，是这份剩余让人独一无二、只代表自己。

有的人喜欢在这段空白看电视，有的人喜欢做SPA、看书、听音乐，大致上这些行为都没有优劣之分，不过是人与人之间的差异，而在这段时间人总是比其他时间放松，因为他的行为并不与他人相关，以一个女人来说，就是在这时她不是女儿、情人、妻子、母亲、媳妇、员工……她只是她自己，某种程度上渺小平凡，但又独一无二的个体。

但全职母亲的困扰就是这种剩余时间变少了，名为母亲的工作仿佛没有结束的时间，每一分钟、每一小时，孩子都在脚边团团转，让人连去厕所偷偷发呆两分钟的空闲都没有。

你很容易感到自己在母职中消失，想不起自己想做的事情，或想起了也只是感伤。

母亲要求一点剩余的时间总是需要他人帮忙，不是丈夫、孩子的祖父母、保姆，就是托婴中心的老师，她几乎不可能“无后顾之忧”地做自己想做的事，因为她就是那个负责后顾之忧的人。

理想的状态是全职母亲让丈夫有一段时间能够做他自己，工作时无须担忧家庭，下班后也有一点时间休息，而丈夫也愿意平均分摊下班后的家务和育儿，让妻子能够和孩子暂时分离，哪怕只是躲去厕所里坐着发呆，也是一种暂时解除母职的宝贵休息。

一个母亲拥有剩余时间的多寡，决定了她的生活质量，也决定了她在育儿上能够展现的耐心与爱心，只是这个道理，不只是很多丈夫不晓得，理所当然地觉得妻子没有“暂离职守”的权利，连很多母亲自己也不晓得，只知道一直对丈夫、孩子抱怨累，却没办法真正争取、把握住那属于自己的剩余时间啊。

6

十年后的牛排

为自己找到放松的方式，必须是现在而不是未来。

在我抱怨孩子黏在身上哪里都不能去，什么也做不成时，经常听见一种安慰是：“好好珍惜现在吧！十年后，不，五年后，你看他还想不想理你！”

回想起自己以前急于独立的心情，再看看现在孩子的成长之快，没错，对于不久的将来，会换成我黏孩子这件事情，我一点也没有怀疑。

不过在孩子出生的最初几个月，他因为有无数的需要而不时以哭泣呼唤我，在几个月会爬、会走之后，他因为需要玩伴和还不懂得独处的美好而需要我。二十四小时全年无休地被孩子紧黏着，要我因为将来他一定不会再黏我，而对现在的压迫感欣然接受，这有点像是对饥肠辘辘的人说："享受现在的空腹感吧！十年后你会有吃不完的牛排啊！"

因为是未来的事情而难解燃眉之急，对自由、独处的渴望让我很想在睡着后做个旅行的梦，但就连在梦里我也常常在处理孩子的事情，只能做做白日梦，幻想在孩子跟丈夫都睡着后，来个半夜的小旅行。

后来我和丈夫商量，让他在晚餐后带孩子出门散步，那段时间我可以慢慢地洗澡、吹头发，虽然只是半个多小时，也让被孩子紧黏了一天的我，有种暂时浮上水面呼吸的舒畅感。

想想，人确实会在苦于当下的处境时，把焦点放在不美好的地方，但光是转念，要自己更珍惜当下的美好是不够的，还是必须作出确实的改变。过得很紧张的人，哪怕只是一点点，也需要为自己找到放松的方式，必须是现在而不是未来。

十年后，可能会多到让人感到失落的自由啊，对忙碌的母亲来说，毕竟是十年后的牛排，想象时无比美好，却不能解除眼前对自由的饥渴啊！

7

全职母亲的幸福与恐惧

和孩子一起度过这段时光的踏实和幸福，没有任何货币能买的东西可以比拟。

在孩子大约五个月大时，我看了一本安·泰勒的《岁月之梯》*，故事讲述了一个中年女人在最小的儿子也迈入青春

* 安·泰勒（Ann Tyler）是美国畅销小说家，为一九八八年普利策奖得主。《岁月之梯》被时代周刊选为年度最佳小说，中译本于二〇一三年由天下文化出版。

期之后，感觉到在日常生活中似乎没有人需要她了。有一天她和全家进行每年固定的夏季旅游，带着旅费，她不知不觉就上了一辆车，一直走、一直走，到了另一个没人认识她的小镇上生活。

我在看了简介后就毫不犹豫地买下了这本书，孩子当时还只会在床上小距离地翻滚，多半时间在拉扯玩耍他的健力架*，所以我可以很轻松地坐在床边阅读又不忽略他。

我有时用手肘撑着下巴，看向床上玩得咯咯直笑的宝贝，然后又回来看这个中年女人的故事。我好奇她要往哪里走，又会走到什么地方。

现在想来，我会被这故事吸引的原因显而易见，我才刚开始全职母亲的生涯，还在适应一切都以孩子为优先的生活，从最大的像整个家庭的经济预算、我个人的生涯规划，到最小的像我什么时候可以上厕所、吃饭，全部都看这个小小的婴儿，他最重要，其余一切次之。

---

* 悬挂式玩具架，可悬挂各种不同颜色鲜艳的婴儿玩具，转动时会发出声响或音乐，吸引婴儿注意力，让婴儿借由手抓脚踢，刺激感官知觉，练习触摸及手眼协调等肢体能力的发展。

但我向来是个想得多又想得远的人，在孩子最稚嫩、最需要母亲的时候我已想到他不需要母亲时的事，安·泰勒这个故事的主旨就是我的恐惧：一个女人，为家庭和孩子放下全部，在一切都那么顺理成章时，她会发现自己变成了空气，就算想安慰自己说空气对每个人的生存都至关重要，在感觉不到自己的重要性时，她只会觉得自己彻底隐形了。

理所当然的事情突然变得不那么理所当然了，她要知道是什么把她埋没的，然而这么一个消失在家庭里的女人，她能去哪里呢?

我从这个故事看见一个可能的、未来的自己。尽管我的孩子还很小，我已经感受到了身为母亲（而且是全职母亲）的恐惧。虽然陪伴孩子的每一刻都很甜美，哪怕是辛苦也有种克服了挑战的喜悦，但我还是害怕在不会太久的未来，也许就在孩子迈入青春期时，我的角色会一夕逆转，被这个我珍爱无比的孩子弃如敝屣。

当然，说抛弃是太夸张了些，青春期的孩子可能是在他们自己也不知道的情况下，比起过去其实更需要一个母亲的守护。但无论如何，想象着现在黏着我、对着我甜蜜微笑、把一切情感和生存需求都寄托于我的宝贝，长大后会多么不需要我，我就对自己的决定感到迷惘，甚至恐惧。

包括我自己的母亲都会皱眉叨念着我“不如去工作”，她怕我被别人看不起（尤其是我的丈夫），也会跟我说女人为家庭付出太多有多么大的风险，就像安·泰勒的《岁月之梯》。

这个时代其实并不鼓励女人为家庭付出，因为这个时代强调风险管理，做每件事情都要计算得失，这是权利也是责任。每个人，如果他想过安全和成功的生活，从某个角度来说，就要充分分析手上的信息，根据结论来作出“最正确的”选择，也就是风险最小、收获最大的选择。

但是成为母亲尤其是全职母亲，似乎是这项规则所不能解释的，孩子对母亲的需要看似只是一时而且可以被替代，人们总是可以找到托儿所或保姆、孩子的祖父母，来取代一个母亲亲自养育孩子的职务。

而且这个社会的经济发展似乎在走下坡，职场性别平等的程度也多为口号，我不只一次听过同为女人的员工，对其他因为怀孕或育儿而无法善尽职务的女人大肆挞伐，而男性员工就更不用说了。

公司请你，是请你来工作，不是来照顾小孩的。

在经济不景气，连毕业生的起薪都越来越低的情况下，就算不是一辈子家庭主妇、只是短暂几年离开职场做全职母亲，看起来都是一项风险十足的选择。母亲们很有可能会回不了社会，或者回去了也不是理想的职务。如果光就风险管理的观点来看，她们似乎应该生完小孩就赶快找别人照顾，自己努力重回职场。

而且，就像《岁月之梯》的女主角那样，就算不从职业而从感情面来看，为家庭奉献太多也是种风险，丈夫有可能把你看成家里重要的家具（日本作家曾野绫子*曾经这样比喻），因为从事的都是协助全家人的工作，因此不再被视为一个独立的个体。

不只是地位可能因此变得低下，在这个充满诱惑的社会，有太多的悲惨教训是关于一个全职母亲如何地受到丈夫的鄙视和背弃的。

不只是丈夫外遇可能求助无门，全职母亲还要受到更多精神上的压力，因为这个时代性别歧视的运作比过去巧妙，丈夫虽然

---

* 曾野绫子，一九三一年出生于东京。以《远来之客》获芥川奖提名，在文坛展露头角。此后，以人之原罪和欲望、信仰、家庭、老、教育等主题发表小说及散文。

不能像过去那样轻易地舍弃妻子，但他如果有小三，他的原配还是会被众人所讨伐。

而全职母亲就是那个最容易被讨伐的对象，人们会说因为她是家庭主妇、黄脸婆，生活世界和视野狭小，“也难怪”她的丈夫会禁不起外面貌美年轻、同在职场上打拼因而有话题可聊的女性所吸引了。

这种看似公道实际上只是在合理化外遇的论调，是全职主妇和母亲最容易遭遇的。总之不管从个人的职业生涯发展、还是婚姻生活的“安全性”考量，不要当全职母亲，也不要当家庭主妇是最好的。

成为母亲后，我时常在想这件事情，然后自我质疑、担心、不安，甚至我觉得对待丈夫好像应该更温柔、更小心翼翼，因为比起过去，现在的我更禁不起婚姻生活有任何的变故。

但同时我也感觉到那是不对的，我的贡献比以前更大，这个家里没有我根本就不行，我为什么要地位低落？为什么被认为是没有自己？

再者，当一个母亲想要亲自照顾她的孩子时，那份感情是那么自然而然地发自内心，这份亲子之间的联系不是任何人可以轻易代替的，为什么母亲就非得面对这么多的恐惧？

想到后来，结论还是这个社会现状是不公平的，全职母亲本来应该是一个可行的选择，和其他选项一样平等，现在却是风险最大、最让当事人感到不安的某种处境。

身为全职母亲的这段时间，会对我未来的职业生涯有什么影响，似乎仍未可知。但我确实感觉到全职母亲这个角色，如果要坚持下去，需要不畏众人眼光、独排众议、相信自己的勇气，以及更重要的是为了不中途放弃，要有能和恐惧相处的心理素质。

要活在当下，而不是未来。

我可以理解全职母亲在这个社会看来是多不理智的选择，因为这个社会看待得失，指的是“可以计算的”成本与获益。

而身为母亲能亲自照顾自己的孩子，在孩子最需要母亲时和他形影不离，这当中的“成本”也就是前述的风险可以计算，但“获益”，也就是和孩子一起度过这段时光的踏实和幸福，没有任何用货币能买的东西可以比拟。

最真实的心情是，不管亲自陪伴孩子、一切都以孩子为优先的生活有多么幸福，感到幸福的同时我依然会害怕，担心自己和《岁月之梯》的女主角一样，年轻时全心为家庭付出，会在老后某一天，对过去的自己感到后悔和怀疑。

但我也相信，到时候我也会和女主角一样，带着这份悔恨和曾有的幸福回忆勇敢出走，在感到自己消失在家庭中时，出发寻找另一个自己。

8

半夜旅行

当现实与想象并行存在，妈妈才能维持日常中的持续付出而不致枯竭啊！

和孩子分开的一个小时，我总是有好多事情想做，想看电视，想喝咖啡，想跟朋友聊天，想发呆，想听音乐，想……想旅行。

我幻想着自己骑脚踏车，吹着风，停下来，找间店喝冰红茶，发呆，看人，不说话就是不说话，可能平常教宝宝说话教到累了，即便是旅行，也想要一种独处的安静。因为母亲的自由时间总是在晚上，半夜孩子和丈夫都睡了的时候，才感觉终于能放下妻子和母亲的角色做回一点自己。我突然觉得应该要有人提供“半夜旅行”这种服务，还有半夜仍开着的书店和咖啡店，同是夜猫子的朋友们应该约半夜聊天，半夜说说心事，心理咨询师开放半夜的心理咨询，提供半夜的倾听与问候。

当然真正的问题不是没有半夜旅行，在这个城市，夜生活也处处是商机，问题是母亲就跟所有明天要上班的上班族一样，她下班时间实在太晚，若是半夜找了点小确幸，之后白天累得快死的行程又怎么撑过去？想想还是只能苦笑了。

有一日，我特别疲惫，在公交车上随车左摇右晃，闭目养神的同时又突然想起，如果真的有所谓妈妈团的半夜旅行，那该多么有趣？我想象着在丈夫和孩子都睡后，妈妈们像午夜十二点才被施了魔法的灰姑娘，摆脱日常的黄脸婆模样开始兴高采烈地打扮、化妆，跳上就像南瓜马车一样来接妈妈前往旅行的车，车上好几个妈妈都打扮亮丽，一路上笑声不断，在旅行途中大聊特聊。

聊最近看的书、最近听的音乐、最近看的电影，当然这都只是幻想，因为妈妈们没有时间做这些事，几乎与流行脱节，但那也没关系，谁说过去的流行音乐不是经典？有妈妈大吐生活中的苦水，那愁苦滋味却被甜蜜的点心轻易带过，就算真的都聊些婆妈经也不会被人轻视或贬抑。外面的人常嘲笑女人当妈之后只会说些生活琐事和婆妈八卦，觉得那就代表了母亲们眼界狭小。但在这个小圈子里评价是公正的，忙到没有时间持续个人兴趣，那是妈妈们为了家庭孩子不得不放下花花世界，是母爱的证明。

只是如果可以，我希望妈妈们都不用以此证明母爱，而是能和其他家人分担，让妈妈们保留原本的自己。总之，在半夜的旅行团里，妈妈们就像回到了以前姐妹淘相聚的时光，聊天、看书、逛街，眼睛看着衣服时，嘴巴还可以回应朋友：“真的？那太夸张了啦！”这是女人独有的分心术，男人做不到这般一心二用，所以他们打起电动看起球赛时耳朵就自动关闭，什么也听不见了。

我在搭车时想着这些，突然感觉母亲的现实生活越是忙碌，就越是要让自己的精神世界多姿多彩，像有个随时出现的神仙教母，让人闭上眼睛就可以看见花朵，听见音乐，穿上转身时会飞扬起来的圆裙。幸福的想象会给人面对现实的力量，像《天使爱美丽》*，在这个世界里充满了自己喜欢的事物，当现实与想象并行存在，妈妈才能维持日常中的持续付出而不致枯竭啊！

---

* 二〇〇一年上映的《天使爱美丽》，是一部法国浪漫喜剧电影，描述了没有享受过家庭温暖和与同伴玩耍乐趣的法国女孩艾米丽，只能任由想象力无拘无束地驰骋来打发日子，自己去发掘生活的趣味，长大以后则帮助旁人找回他们生命中珍贵的记忆。一个爱做梦的小女孩，用想象创造出了一个凡人无法抗拒的异想世界；一个爱幻想的大女孩，用爱心创造了一个凡人心之向往的美丽世界。

9

另一种人生

你想在想象中实现一种最彻底的自由，像鸟才可能拥有的那样广阔的天空。

今天，和孩子躺在一起睡觉时，你突然想象起另一种人生，你想象起自己单身、未婚、没有小孩，并正处于你现在这个年龄。

你想象起逢年过节就是理所当然地返乡，不需要和任何人讨论该回你家还是我家，对你来说，家就是自己独居的小窝还有父母在的地方。你想象起每天上班下班，赚的钱不多，下班时间也不长，但还可以抽空跟朋友出去玩，或者自己一个人去健身房。

你的身材不错，毕竟还有时间和心力可以花在维持体态上，虽然没有刚出社会时的青春洋溢，但也不会有人形容你老了或不再年轻。你在职场上正是打拼的阶段，虽然你的工作和大家一样是在理想和现实中拉锯，但既然每个人都是如此，相约一起吃消夜、尽情欢笑或抱怨也还算愉快。

你并没有经常感到孤单，只是偶尔担心这份工作究竟有没有发展前途，你的爱情轻快得像一首流行歌，就算会让你流泪，也不是不能摆脱的负担。在你的想象里，一切只看你想不想走，你可以随时辞职去流浪，可以从一个工作跳到另一个工作，当然也可以切断一段感情，等待重新开始一段。

在你的想象里，自由和自主是最主要的故事梗概，就算你知道现实中不见得有这样的自由和自主，但是算了，这不过是想象。你想在想象中实现一种最彻底的自由，像鸟才可能拥有的那样广阔的天空，让这故事像一颗消炎药那样疗愈你在现实中感受到的发炎和疼痛，那又有什么不可以?

每个人的人生都有弗罗斯特那首诗里的《未选择的路》*，人们难免会想象另一条路上有着无比美丽的风景。忙碌了一天的你只是想闭一下眼睛，快乐地想象有另一个自己走在另一条路上。你想象着偶像剧一般的剧情发生，但你不像女主角一样那么在乎寻找另外一半，你只想圆梦，在山巅大声呼喊着“我要成功！”然后，某个云深不知处的地方有人回应你。

孩子在旁边滚动着把你唤回现实，还没睡熟的他小手伸过来紧紧抓着你，不知道做了什么梦，他睁眼就说“怕怕怕怕”，像在黑暗里突然闪亮了一盏灯，你闭上眼时想的那个自由自在的年轻女子，“咻”一下就烟消云散了。

你抱着孩子安慰他“妈妈在这里别怕”，又伸手捏了捏孩子胖胖的小脚，于是他安心，像决定要重做一个美梦那样微笑着闭上眼睛，你告诉他这次妈妈也会在梦里陪着你，所以不要怕，然后你们重新躺好，他的背，像一块刚熨热的板子那样紧

---

* 美国诗人弗罗斯特（Robert Frost，1874—1963）最著名的一首诗《未选择的路》。“金色的树林里有两条路，可惜我不能沿着两条路行走……我将会一边叹息一边叙说，在某个地方，在很久很久以后，曾有两条小路在树林中分手，我选了一条人迹稀少的行走，结果后来的一切都截然不同。”《弗罗斯特名作集：未选择的路》中译本于二〇一四年由格林文化出版。

贴着你。

你的身体重新感觉到了现实的沉重，一切都没有想象中的轻快，但闭上眼睛抱紧他时你感受到了无比的幸福，还闻得到孩子身上暖暖甜甜的香味，像抱着一块牛轧糖。

10

写给亲爱的你

母亲这个角色能让人产生无与伦比的力量，放下自我，其实也是需要力量才能做到的。

那天，你在线问了我一个问题，问我为什么要生小孩，我表示我需要一点时间回答，然后你下线，我又足足想了三天。

虽然我们只是在网络上认识的朋友，只交换过短短的信息，但以我写作总掏心掏肺的习惯来看，我总觉得网络上的朋友都知道我很多，相对地，我知道别人的比较少。

所以当你向我提出这个“大哉问”时，老实说我是一边想着答案，一边想象着向我提问的你的。

是几岁的女孩子呢？或者不是女孩而是男孩呢？还是已成年的女人或男人，是已婚还未婚呢？

不同年龄和人生阶段的人，对这个问题应该期待着不同的答案，但我对这个问题的回答都是一样的，那就是：其实，我也常想这个问题。

相对于过去，现在已经是尊重个人自主的多元社会，每个人是否结婚、跟什么样的人结婚、结婚后是否生孩子，都是个人的选择而旁人无从干涉，但有了选择之后，苦恼似乎也跟着来了。

因为每作一个选择，就要负责到底，所以每个选择，都应该要有能说服自己的理由。

我想象你怀抱着好奇跟困惑，从我的育儿日记中似乎只嗅到满满的奉献和寂寞气息。在这个提倡“为自己而活”的时代，一个女人为什么要成为母亲，更为什么要在人生的事业黄金期选择成为全职母亲“为孩子而活”？

这个问题要分很多层次来回答。首先，我成为全职母亲全是机缘凑巧，第一次怀孕时发现子宫异常容易流产，而且还真的流产了。之后在没有稳定正职的情况下，我第二次怀孕，这次我就只求保住孩子，在台湾又几乎没有人会聘用怀孕或孩子还小的女性，就这样，我自然而然地成了全职母亲。

但这显然还是没有回答你的问题，如果我不要小孩，不就没有任何问题了吗？过去拼命念书只想在职场上一展才华的我，憧憬着找到能发挥自己能力的工作后，能够每个月领到薪水，存到一定金额后拿这笔钱出国探险的我，为什么要生小孩呢？

我的回答可能很难让你满意，因为我必须承认，关于生小孩对女性可能产生的限制，当初，我没有想得那么清楚那么彻底。

我自认为我知道，成为母亲后要兼顾工作会变得困难，但我没有想到会这么困难，当我二十八岁选择离开稳定的工作，想去找更具挑战性的职位时，万万没有想到这也是我的生育黄金年龄。我在这个时候有了小孩，意味着我的求职之路中断了，这条努力兼顾家庭和事业的人生道路，就这样一路向家庭偏移。

我大概是想得太乐观了，以为即使我怀孕，也会有职场愿意用我，即使带小孩，我也可以同时发展自己的事业，而真的有了小孩后我发现没那么容易，但头已经洗一半了，我也不可能再把小孩塞回去，你说对吧。

到这里我的回答似乎还是不太让人满意，因为这好像还是无法回答“为什么要生小孩”这个问题。我们都知道这个社会已经不能期待养儿防老，而小孩在成长的过程中有太多事情可能发生，什么都要靠自己，这让成为父母的人都老得很快。总之，成为父母这件事情好像不太吸引人。

但我想你之所以会问我，一定也是从成为父母的朋友身上看到了矛盾吧，她们都很累、很容易被孩子气个半死，工作似乎也受限了，还因为育儿和丈夫、婆家、娘家发生了很多冲突，为了给孩子最好的，自己一切都捡剩下的了……但即使有吐也吐不完的苦水，怀抱着孩子的母亲，脸上的微笑还是那样的幸福。

我自己也有那样的感觉，当我旁观自己，有时候我看到一个似乎提前沧桑，充满挫折，苦恼着究竟何时才能“为自己而活”的女人；而又有些时候，我看到的却是我抱紧孩子，脸上是再甜蜜的恋情也无法比拟的灿烂笑容，觉得自己什么物质成就、外界掌声等等的都不需要，只要在这里，和我的孩子这样亲密地拥抱，任由他抓乱我的头发，坐在一起看几本童书就够了。

这种幸福，请容我有些直接地说，只想为自己而活的话，是感受不到的。

我成为母亲后，感受到的是为孩子努力付出的幸福，惊讶于自己竟然可以一天天地成长的那种幸福。跟个小人儿搏斗真的好累，尽管有时也会被难倒而无比挫折，但我确实感觉到自己和过去不太一样了，我变果断了，EQ也变高了。

过去的我只想到为自己而活，希望做些什么让父母很有面子，也想向其他人证明我的努力，但在成为全职母亲之后，我得到的是一种过去无法想象、跟“证明什么”无关的收获。

一个人把自己的时间、心力，可以说把自我全部都交出去了，为什么会变成收获呢？

如果是过去的我，看到现在这种生活，大概也会有这样的疑问，但只有在成为母亲实际体验后，我们才能够感觉到“把手放开，你会得到更多”是什么意思。我确实也会苦闷，我那小小的自我在育儿生活中消失了，但当我放弃了紧抓那个自我不放之后，我惊讶地发现，有个更强壮、看事情更宽容、对自己更有信心的自我就在这样忙得团团转的生活中。

我曾经跟朋友开玩笑，说在前几个月孩子还不太会表达时，母亲做的是像上山修道一样的事。因为全职育儿而被关在家中，鲜少跟朋友互动，像被逼着打禅七般保持静默、减少物质欲望，因为没钱也没空享受，换尿布、挤奶喂奶、洗澡等琐碎而重复性高的育儿工作，就像挑水砍柴那样，没有让人发挥想象力和创造力的空间。

但就像修道的人会有一种全心在侍奉神灵的感觉一般，母亲在这样类似修道、放掉小我的生活中，也会感觉到某种神秘力量的召唤，这股力量让一个喜欢撒娇、满脑子虚幻烦恼的女孩，转变成了能让孩子依靠的“一家之母”。

有些感觉非常矛盾，一方面，我感觉到自己没有过去自以为的那么重要，没有哪个职场非我不可，我的梦想是否实现，除了我以外，其实也没人在乎。但另一方面，我又觉得自己比过去任何一个时刻都来得重要，没有一份工作像母亲这样非我莫属，孩子需要母亲，如果我从他的生活中缺席，就算有爱他的保姆或祖父母，对他来说，也还是一种永远无法释怀的遗憾。

在抱着脆弱的婴儿，尽力满足他一切需求时，母亲会感觉自己在人群中变得渺小、微不足道；但在家庭当中，尤其是在孩子面前，母亲却又是独一无二、无法取代的唯一一人。当意识到这一点时，心理学家阿德勒曾说，母亲会有一种类似成为上帝的感觉。

我觉得这种感觉太少人提到了，当然如果母亲自认为是上帝而想干涉孩子的一切那就危险了，但对孩子来说，母亲爱不爱他、怎么爱他，这些事情的重要性确实让母亲像他的上帝。如果一个孩子被母亲抛弃，他会感觉自己被世界遗弃了。

母亲这个角色能让人产生无与伦比的力量，放下自我，其实也是需要力量才能做到的。

当然，这世界上有不胜任的母亲，有只想逃避母亲角色的重担、对孩子冷淡、拒绝改变自己的人，但我想说的是，如果你和我一样，后来选择了为孩子改变，这样的改变乍看下有许多牺牲，却也不能不说是一种收获。

跟孩子之间的情感，是一种比起有没有回报，更希望孩子过得幸福快乐的情感，所以不要思考养儿防不防老的问题，属于自己的老年生活，还是要自己准备。成为父母的人会发现养好孩子的难度不次于创业，除了得不到太多外在的掌声以外，努力学习如何成为好父母的人，在这过程中同样有着挑战和挫折，还有为梦想付出的喜悦。

想要坚持自己的生活、担心无法兼顾事业、担心有了孩子后和另一半情感生变……不生小孩的原因很多，要用条理式来表达的话大概会是很长的一张风险计算表，上面详列了各种孩子造成的“成本”和不保证会有的“收益”。想生小孩的理由相对单纯，却有着没有经历过的人无法理解的神秘。

不就是因为爱吗？哪怕在孩子还没出生前，甚至还没有怀孕前，我们就已经在盼望、想象着自己有孩子，想象着陪伴他成长会是什么样子。我们常常误以为爱只存在于两个已经见到面或至少有实际接触的人之间，但父母对孩子的爱，可以在孩子还没出现前就存在了。

每个人的人生道路都是不同的，就算你决定不生孩子，也不能说是拒绝长大或者是人生的损失，每个人都有不同的考量，我认为并不是非要孩子不可。毕竟不爱孩子的父母只会造成双方痛苦，得不到爱的孩子无辜，因为思虑不周而生下孩子的父母，那份悔恨也绝对不好受。

只是对爱孩子的父母来说，是对孩子的爱，帮助他们走过放下自我的困难道路，在被改写的人生蓝图上重新画上色彩。我想为什么自己有这么多失落，却还是不后悔生小孩的原因真的很简单，就是一份很强大的爱吧。

闭上眼睛，把手放在心口上，你有没有感受到这份爱呢？要不要生小孩，我相信你有属于自己的答案。

11

祝福

勇敢去飞吧，在你降落，化身成一座守候的机场之前。

成为母亲之后，我总觉得过去的自己仍然存在于什么地方，怀抱着过去的美梦，在某个角落认真地努力着。

那跟现在的自己有什么差别呢？现在的自己也在努力着，不是吗？但现在的自己和他人密不可分，再也说不出“最重要的就是为自己而活”这种话。比较起来，过去的自己就像一篇童话故事，为自己出发、在新世界里探险的主人翁，灿烂得像一朵只为自己而开的花。

而我总觉得那样的自己仍存在于什么地方，否则不会在夜深人静的时候，有种想要动身启程的冲动，就像一座港湾也曾有过航行的梦，现在却迎接着日复一日的早晨和晚霞。

这仿佛世界仍在运转而唯有我静止不动的风景，仿佛人人都在追寻什么而我只在乎他人是否能完成他们的追寻。我独享着在太阳升起和落下之前的一抹阴霾，在每个张开双手祝福他人的瞬间，都仿佛在拥抱着过去的自己。

勇敢去飞吧，在你降落，化身成一座守候的机场之前。

因为这世界上没有永恒的飞行，我们每一个人，终将为了什么而停下来守候，届时你将回想起当初，是什么给了你独自启程的勇气。你会忽然明白过去为什么要那么努力，是因为你曾有的一切，是你到时所能给予的。

正如一朵花不只为自己而灿烂，一个人，也不是只为了自己而勇敢，你所得到的祝福，是为了有一天，要有能力祝福他人。

不管你是不是一个母亲。